企业社会责任研究丛书

企业社会责任表现

信息披露、履行实质性及其影响因素研究

李 健 孙海尧◎著

企业管理出版社
ENTERPRISE MANAGEMENT PUBLISHING HOUSE

图书在版编目（CIP）数据

企业社会责任表现：信息披露、履行实质性及其影响因素研究 / 李健，孙海尧著. －北京：企业管理出版社，2022.8

ISBN 978-7-5164-2476-6

Ⅰ. ①企… Ⅱ. ①李… ②孙… Ⅲ. ①企业责任－社会责任－研究－中国 Ⅳ. ①F279.2

中国版本图书馆CIP数据核字(2021)第175335号

书　　名：企业社会责任表现：信息披露、履行实质性及其影响因素研究
书　　号：ISBN 978-7-5164-2476-6
作　　者：李　健　孙海尧
责任编辑：于湘怡
出版发行：企业管理出版社
经　　销：新华书店
地　　址：北京市海淀区紫竹院南路 17 号　　邮　　编：100048
网　　址：http://www.emph.cn　　电子信箱：1502219688@qq.com
电　　话：编辑部（010）68701661　发行部（010）68701816
印　　刷：北京虎彩文化传播有限公司
版　　次：2022 年 8 月 第 1 版
印　　次：2022 年 8 月 第 1 次印刷
规　　格：700 毫米 × 1000 毫米　　开　　本：1/16
印　　张：13.75 印张
字　　数：187 千字
定　　价：78.00 元

序 言

近年来，企业社会责任报告数量与质量发展趋势向好，但同时暴露出的披露内容与现实履行情况不一致现象已逐渐引起部分学者的关注与担忧。对企业这种“言行不一”的现象，找到对应原因并做出改变已不仅是学术范畴内的工作。如何避免企业社会责任报告披露内容与现实履行之间不一致情况的发生，保护公众与社会权益，已经成为亟须解决的社会问题。

本研究以企业社会责任实际表现为研究背景，企业首先需要进行社会责任报告发布，因此逆推前因，从政府信号机制入手，兼顾对影响企业社会责任报告发布的前因分析。本研究期望形成以政府释放信号为开端，以企业发布社会责任报告为节点，以披露与履行表现差距为探索终点的完整研究链。本研究结论有助于企业实现在社会责任参与上的有效性和一致性，同时也为政府在社会责任监管与政策制定上提供决策支撑。

本研究主要内容如下。

（1）企业社会责任披露影响分析。基于资源依赖理论，通过分析企业社会责任的发展概况，发现中国企业社会责任报告的发布与政府政策方针的出台在时间上具有同步性，因此选择从企业政治策略下的政治依赖（政治关联、政治印记、财务资源）视角出发，研究影响企业发布社会责任报告的相关因素和机理。研究发现，政治关联和财务资源在对企业发布社会责任报告的影响中发挥积极作用。同时，在细化研究中发现，企业需要面对不同层级的政府期望与需求产生的制度压力冲突，中央政治关联对报告发布会产生正向影响，地方政治关联则会产生负向影响。在对已有政治关联企业的分析中发现，民营企业比国有企业更加珍惜与政府间的政治联系。政治印记对企业发布社会责任报告产生负向影响，尤其在考虑获得自身合法性地位及获得与政府友好关系机会的情况下，政治印记对民营企业的影响显著强于国有企业。

（2）企业社会责任履行实质性影响分析。在对已发布报告企业进行深入研究的过程中，首先理清了所有制形式影响社会责任的悖论问题。研究结果显示，国有企业与民营企业在社会责任参与表现上并无明显差异，国有企业社会责任表现优于民营企业的传统印象可能是由企业规模造成的。其次，基于组织成本理论与产业组织理论分析了企业规模与行业竞争度对社会责任履行实质性的影响，并应用门槛效应模型进一步检验了其间复杂的影响变化。具体而言，企业规模与行业竞争度均对社会责任履行实质性产生正向影响，特别是竞争性行业的履行实质性水平高于垄断性行业。此外，企业规模较小的情况下，即门槛阈值之前，社会责任履行实质性水平会随企业规模的增大而降低；达到门槛阈值，进入大规模企业范畴，社会责任履行实质性水平会随企业规模的增大而提升。

（3）外部监督的中介作用影响分析。本研究基于期望理论与公共压力视角，对外部监督下的社会期望与政府监督在影响社会责任履行实质性过程中的中介作用进行分析。结果显示，社会期望在企业规模和行业竞争度两个层面上都会对履行实质性影响机制过程发挥中介作用；政府监督作为另一种外部监控手段，会对规模更大的企业产生更强的监控与督促作用。因此，社会期望与政府监督作为第三方外部手段能够有效促进企业更加真实地参与和完成社会责任相关工作。

本研究以2015年至2017年955家制造业上市公司（其中290家已发布社会责任报告）为观测样本，通过构建相关影响关系模型，应用面板回归模型、固定效应模型、随机效应模型、门槛效应模型等工具进行实证分析，为深入研究社会责任报告发布和已发布报告企业的履行实质性问题寻找新的理论路径与实证依据。

本研究创新点如下。

（1）基于资源依赖理论，建立了从政治依赖视角出发分析影响企业社会责任报告发布前因的机制模型。本研究探讨了政治依赖视角下的政治关联、政治印记、财务资源因素对企业是否发布社会责任报告的影响机理，并通过细化研究，分析了中央和地方政治关联在不同情境下对国有企业与民营企业社会责任报告发布的不同作用，为企业社会责任参与领域研究提供了新的分析路径。

（2）运用组织成本理论，突破性地提供了从企业内部成本视角出发分析影响社会责任现实表现的新方法。在社会责任研究领域，以往的研究通常只注重企业外部成本对社会责任问题造成的影响。从内部视角出发，运用组织成本理论解释企业在参与社会责任披露和履行过程中产生的组织内部变化，可以更直观地说明企业在社会责任参与机制上的现实情况。引入组织成本理论可以扩展对企业社会责任参与模式问题研究的理论路径。

（3）运用门槛效应分析方法，克服研究局限，揭示了影响企业社会责任履行实质性变化的内在机理。以往研究结论仅表明相关因素对社会责任有影响，但不能给出具体的影响变化过程。应用门槛效应模型可以分析出相关变量对社会责任履行实质性更为复杂的内部影响机理。对于探讨企业规模与行业竞争度变化对社会责任履行实质性的影响，门槛阈值和置信区间可以更为科学、全面地展现变量对履行实质性的不同影响过程，为深入社会责任参与领域研究提供了新的技术性支撑和可靠结论，进而有助于发现社会责任现实参与过程的客观规律。

本研究探讨了影响企业社会责任报告发布的作用机制，深入分析了已发布报告企业出现社会责任披露与履行表现不一致现象的前因，并用门槛效应方法深入挖掘了影响企业社会责任履行实质性变化的内在机理，为企业社会责任发展与政府长效管理提供了理论支撑和决策依据。

2021年7月

目　录

第1章　绪论　1

1.1　研究背景　2

1.1.1　现实背景　2

1.1.2　理论背景　5

1.2　研究意义　8

1.2.1　理论意义　8

1.2.2　实践价值　10

1.3　研究内容与研究方法　12

1.3.1　研究内容　12

1.3.2　研究方法　14

1.4　逻辑结构与技术路线图　15

1.4.1　逻辑结构　15

1.4.2　技术路线图　18

1.5　研究的创新点　19

第2章　文献综述　21

2.1　企业社会责任发展综述　22

2.1.1　企业社会责任发展概述　22

2.1.2　企业社会责任主要定义　30

2.2 CSR履行实质性综述 36
2.2.1 CSR履行实质性的定义 36
2.2.2 CSR评价方法概述 40
2.3 影响CSR披露的相关研究综述 46
2.3.1 政治策略下的CSR披露 46
2.3.2 政治合法性与CSR披露 48
2.3.3 政治依赖与CSR披露 49
2.4 影响CSR履行实质性的相关研究综述 55
2.4.1 CSR履行实质性相关研究 55
2.4.2 所有制结构与CSR表现 58
2.4.3 行业竞争度与CSR履行实质性 60
2.5 外部监督的中介作用 63
2.6 文献评述 66

第3章 CSR披露影响研究的理论分析与研究假设 69
3.1 CSR披露影响分析的理论基础与研究模型 70
3.1.1 资源依赖理论 70
3.1.2 企业政治行为 71
3.1.3 政治依赖对CSR披露的影响关系模型 73
3.2 CSR披露影响因素分析的研究假设 75
3.2.1 政治关联对CSR披露的影响 76
3.2.2 政治印记对CSR披露的影响 78
3.2.3 财务资源对CSR披露的影响 79
3.3 本章小结 80

第 4 章　CSR披露影响研究的实证检验 —— 81
4.1　样本选择 —— 82
4.2　变量设计与数据来源 —— 83
4.3　模型设计 —— 87
4.4　CSR披露影响研究的实证分析 —— 89
4.4.1　描述性统计分析 —— 89
4.4.2　假设检验与分析 —— 93
4.4.3　稳健性分析和检验 —— 98
4.5　本章小结 —— 101

第 5 章　CSR履行实质性影响研究的理论分析与研究假设 —— 103
5.1　CSR履行实质性影响分析的理论基础与研究模型 —— 104
5.1.1　企业规模对CSR履行实质性的影响 —— 104
5.1.2　行业竞争对CSR履行实质性的影响 —— 109
5.1.3　外部监督在影响CSR履行实质性机制中的中介作用 —— 112
5.2　CSR履行实质性影响因素分析的研究假设 —— 117
5.2.1　所有制形式与CSR履行实质性 —— 117
5.2.2　组织成本、公司规模与CSR履行实质性 —— 119
5.2.3　行业竞争度与CSR履行实质性 —— 124
5.2.4　外部监督的中介作用 —— 126
5.3　本章小结 —— 129

第 6 章　CSR履行实质性影响研究的实证检验 —— 131
6.1　样本选择与变量设计 —— 132
6.2　模型设计 —— 138

6.3 CSR履行实质性影响研究的实证分析 141
6.3.1 描述性统计分析 141
6.3.2 模型检验与模型形式选取 143
6.3.3 实证结果分析 147
6.3.4 稳健性分析和检验 154
6.4 企业规模与行业竞争度对CSR履行实质性门槛效应分析 154
6.4.1 门槛显著性检验和置信区间 155
6.4.2 门槛效应模型参数估计结果 157
6.5 本章小结 159

第7章 研究结论与讨论 161
7.1 主要研究结论 162
7.2 政策建议 166
7.2.1 政府层面 166
7.2.2 企业层面 167
7.3 研究局限与未来展望 169
7.3.1 研究局限 169
7.3.2 未来展望 170

附录1 171
附录2 184

参考文献 193

第1章
绪　论

1.1 研究背景

1.1.1 现实背景

近年来，企业社会责任（Corporate Social Responsibility，CSR）日渐向标准化和刚性化约束的趋势发展。

国际方面，2010年11月1日，由联合国倡导发起，54个国家和地区以及24个国际组织参与制定的ISO 26000《社会责任指南》在瑞士日内瓦发布并正式实施，全球众多国家及区域化组织将企业社会责任融入国家法律条文和企业发展战略之中。2011年10月，欧洲联盟发布的《新版欧洲企业社会责任战略报告2011—2014》中细致规划了社会责任的相关行动议程。2009年12月，印度公司事务部发布了《2009年企业社会责任自愿准则》，旨在帮助企业制订社会责任发展战略。2010年4月，印度联邦政府对2009年自愿准则进行了补充和完善，发布了《印度企业社会、环境和经济责任自愿准则》，从九大方面指导印度企业开展社会责任实践，同时要求印度重工业和公共企业部所属的印度国企强制试行CSR准则，强制提取0.5%~4%的公司利润投入CSR活动。法国政府强制要求所有在一级股票市场上市的企业都要遵从2001年颁布的《诺威尔经济管制条例》中相关法律条例，包括必须披露雇员劳工、健康与安全、环境、人权、社会与社区参与等方面的信息。2006年，英国修订了《公司法》，自此伦敦证券交易所就要求所有上市公司按年度发布有关环境、劳工和社区等方面的社会责任信息，以便向社会完整清晰地反映整个公司的运营情况。2012年2月，英国政府宣布加强上述要求，自2013年起，全部1800多家上市公司还需额外测算并披露温室气体排放总量，以帮助投资者进一步了解上市企业可能为应对气候变化付出的相关隐形成本。2012年8月22日，美国证券交易委员会（SEC）宣布采纳并实施《多德-弗兰克法案》及其他相关规定中的社会责任信息披露条例，要求从事石油、天然气及矿产开发的上市企业详细披露其每年为获取资源向政府支付的相关费用信息（包括特许使用权费、生产授权费、基础设施整改费等），希望通过透明的社会信息共享避免商业活动中可能滋生的官员贿赂和政府腐败等问题。

国内方面，随着我国社会主义市场经济的不断发展，改革开放不断深入和加入WTO，CSR也日渐成为我国社会和学术界的一个热门话题，受到普遍关注。2006年，深圳证券交易所发布《上市公司社会责任指引》。2006年10月11日，中国共产党第十六届中央委员会第六次全体会议通过《中共中央关于构建社会主义和谐社会若干重大问题的决定》，提出“着眼于增强公民、企业、各种组织的社会责任”。《中华人民共和国公司法》第一章第五条明确规定“公司从事经营活动，必须遵守法律、行政法规，遵守社会公德、商业道德，诚实守信，接受政府和社会公众的监督，承担社会责任”。2008年1月，国务院国有资产监督管理委员会印发的《关于中央企业履行社会责任的指导意见》中要求“中央企业要增强社会责任意识，积极履行社会责任，成为依法经营、诚实守信的表率……努力成为国家经济的栋梁和全社会企业的榜样”。在政策性法规和合法性信号的指引下，国内各企业陆续发布CSR报告。

全球众多国家和地区都在积极努力通过刚性化手段促进和规范CSR的信息披露及切实履行，CSR报告发布数量逐年增长，披露内容日趋完善，但同时也衍生出了新的问题，即企业在社会责任对外披露与现实履行表现方面的差异已成为不可忽视的客观现象（Wickert，2016），也成为当前越来越无法回避的重要问题。

现实的市场经营活动中，涉及此问题的案例很多。环境营销公司Terra Choice在2007年发布了一份报告，调查了美国和加拿大有关零售商Big Box的1018种产品，结论显示，除1个产品之外，其他所有产品都被证明以虚假信息误导消费者（Terra Choice，2007）。2009年的后续跟踪研究还发现，有更多产品都披露了环保声明，然而声明涉及的2219种产品中至少有98%的产品触犯了“绿色环保七宗罪”其中的一条。我国财政部2012年对170家上市公司进行会计信息质量检查，结果显示有125家企业在会计信息质量方面存在不同的问题，这些问题都给投资者造成了巨大的经济损失，严重侵害了投资者权益并给社会带来极大的负面影响。从数据上看，2008年到2017年A股上市公司合计发布CSR报告5894份，其中经过第三方机构鉴证的CSR报告仅占总量的3.77%，报告质量很难得到充分保证，出现披露内容与履行情况不一致现象的可能性极大，如图1-1所示。哈佛大学的Marquis（2014）教授也曾在调研1600家中国上市企业的社会责任报告披露情况后指出，CSR披露与真实的CSR履行活动确实存在着不一致的情况。现阶段研究与合理化解决该问题已经成为一项重要工作。

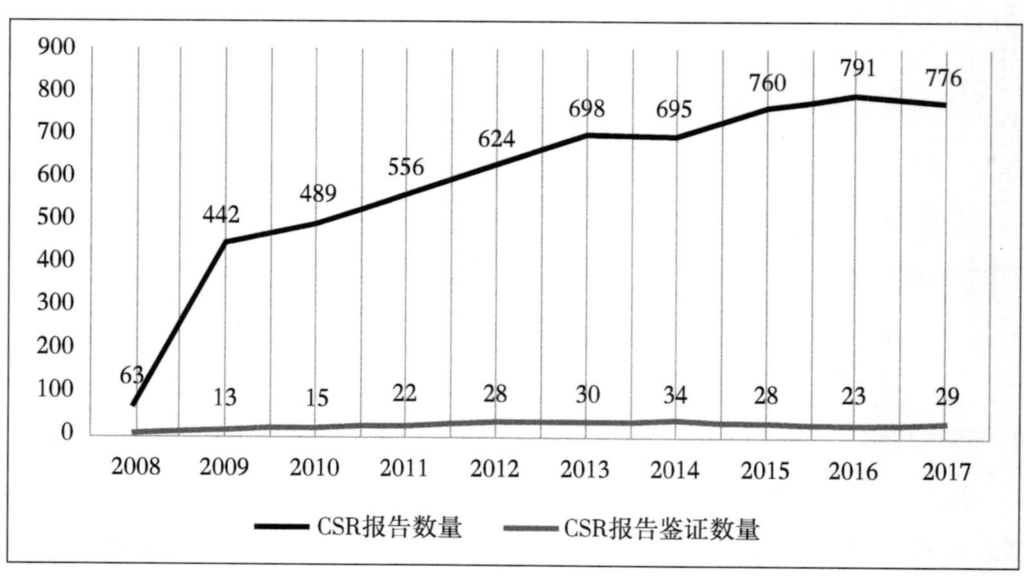

数据来源：企业可持续发展报告资源中心数据库

图1-1　上市公司CSR报告第三方鉴证情况

1.1.2 理论背景

企业社会责任研究发展至今，研究人员提出并运用了很多理论解决CSR问题，包括企业代理理论、利益相关者理论、管理理论、资源依赖理论、资源冗余和制度理论等。有些学者认为CSR是一种代理成本，属于企业的合法收益被企业的管理者转移到其所偏爱的社会事业（Friedman，1970；McWilliams，Siegel和Wright，2006）。利益相关者理论强调企业除了需要满足股东利益外还需要满足其他利益相关方需求的重要性（Donaldson和Preston，1995； Freeman，1984）。管理理论与代理理论相对立，将管理者视为追求社会利益的责任监督者，认为管理者会最大限度地使自己的成果发挥作用（Davis，Schoorman和Donaldson，1997；Donaldson和Davis，1991）。基于资源依赖理论的社会责任观强调了稀有及独特的资产和能力的重要性，即可推动更有效的CSR参与（McWilliams和Siegel，2001；Russo和Fouts，1997）。松散的闲置资源理论强调资源（如金融资源）如何实现CSR活动（Surroca等，2010；Waddock和Graves，1997）。近年来，关于CSR的研究还强调了不同背景下企业嵌入制度的重要性以及它们是如何影响CSR活动参与的（Marquis和Qian，2014；Matten和Moon，2008；Campbell，2007）。

这些不同的理论，基本将CSR的研究聚焦于两个方向的学术视角：一类是研究CSR影响了企业的某些方面，如CSR与企业绩效（Jones，Willness和Madey，2014；Gomulya和Boeker，2014）、CSR与领导力水平（Wu，Kwan等，2014；梁建，2014）、CSR与企业竞争力（金碚和龚健健，2014；李文倩和刘益，2017）；另一类研究强调的是CSR的前因（Surroca等，2010；Marquis，2016）。前者一直是学者研究的主要焦点（Wood，2010），后者相对研究较少，侧重于确定导致CSR参与的影响因素（Wickert，2016）。综合现实情况发现，随着近年来CSR报告数量的趋势化增长，由相关误导性信息产生的负面现实状况等问题，已开始引发学者对CSR本质的思考，深入探讨CSR活动中披露工作与履行工作的差异性和前因分析已经成为重要问题，因此本研究将定位于分析发现影响CSR披露与履行参与的前因机制。

结合CSR以往研究发现，国外学者近年来已经开始认识到CSR活动对外信息披露和企业履行之间的不一致性，企业也常被批评没有按照披露的内容实际执行（Lyon和Montgomery，2015；McDonnell和King，2013；Wickert，2016）。Roberts早在2003年的研究中对披露的表象华丽表示过深深的担忧，他指出“不与履行相符合的披露只是企业基于道德层面一种新形式的自我介绍，这种对外信息的传递根本不会影响公司的实际行为，这种修复外观和不去改变其实际行为的方式，会让企业的社会责任工作变得简单而便宜”。Katz（2008）在对数以千计的美国人的调查研究中发现，有近三分之一的调研对象认为公司夸大了其在自然环境方面的社会责任工作。许多消费者、活动家和学者也认为，“许多公司正在从不诚实的企业社会责任信息传播中获利”（Mattis 2008）。学者Alves（2009）甚至认为虚假的企业社会责任声明是“无处不在”的。Okhmatovskiy和David（2012）也指出“企业面对外部需求，例如社会公众对企业施加的压力和期望，会使其在象征性和实质性方面的表现有所不同”。Lyon和Montgomery（2015）分析了关于Greenwashing（绿色洗涤）的文献，提出误导性的披露会使人们对组织的环境实践或产品形成过于积极的信念，这两位学者还对产生此问题的机制进行了系统化研究。Wickert（2016）也提出，由于披露成本相对不变，而且相较于实践来说，披露这种更简便的方式能够为企业带来更加良好的社会效应，企业可能经常出现披露夸张、履行消极或滞后的问题。

目前，针对该问题的研究，国外学者以理论探讨为主，且关注点大多在企业的环境和社会表现上，即主要以企业的Greenwashing研究为主，忽略了CSR影响的全部利益相关者。此外，传统的CSR理论，如利益相关者理论、企业伦理观、契约理论、可持续发展理论等在解释CSR披露与履行差异问题上有明显的不足。这就迫切需要找到一条可以涵盖全部利益相关者并突破传统理论束缚的途径，从印象管理、组织成本等新的研究理论入手进行更明确的解释。同时，上述案例和调研访问性质的研究也并不适合大样本量的实证研究工作。与之相比，国内学者对这一问题的关注还较少。

那么，CSR工作难道只是企业对公共关系的一种公关活动吗？披露与履行的不一致究竟是无法克服的，还是人为选择的结果？这些问题也即本研究的最核心问题。

由于CSR披露与履行不一致现象出现的前提条件是企业发布CSR报告，因此对影响企业CSR报告发布的前因探讨也将成为本研究的一大重点，以便形成完整的研究链条。

一直以来，各个国家都是由政府控制着影响企业竞争环境和地位的关键性资源，探讨企业政治策略的含义和前因已经成为组织理论研究的重要领域（Bonardi，Hillman和Keim，2005；Hillman，Keim和Schuler，2004）。这些研究集中于企业如何积极塑造政府规制流程，其他研究表明，除了制定规则和强制参与之外，政府还使用信号为企业建立规范和合法的标准（Dobbin和Sutton，1998；Dobbin等，1993；Lyon和Montgomery，2015）。

本研究将以政府释放合规信号为开端，从资源依赖视角探究影响企业披露CSR报告的过程机理；随后深入研究对政府信号进行战略响应（对外进行社会责任信息披露）的企业，通过组织成本和产业组织视角下的直接影响因素和外部监督两方面解释造成CSR披露与履行表现差异现象的具体过程，形成以政府信号释放为开端，以企业响应为过程节点，以披露与履行表现差距为探索终点的完整研究链。

1.2 研究意义

企业社会责任问题一直受到政府、学术研究者和企业管理者的关注。如何在结合自身情况的前提下，更有效地提升企业商业形象，满足利益相关者需求，与外部利益相关者建立良好的社会关系，成为当前该领域最受关注的核心问题。本研究以政府释放社会责任合规信号为开端，以企业披露社会责任报告进行合法性响应为节点，结合中国制造业上市公司在社会责任披露工作与履行工作两方面表现的实际情况，利用实证方法深入分析在政治依赖与组织成本视角下影响企业发布社会责任报告及造成披露与履行表现差距的内在机理，具有如下理论意义和实践价值。

1.2.1 理论意义

1. 有助于加强对企业社会责任参与模式的理论完善

企业参与社会责任工作一直被学者视为一种企业的重要战略机制，相关传统研究多集中在西方背景下企业政治战略机制方面（如Hillman，2003），当前更多的研究开始关注中国等新兴市场在企业政治战略上有何相似或不同之处（如Marquis，2014）。因此，企业的政治战略研究不仅对于了解发达国家的企业竞争战略非常重要，对理解发展中国家所需要的基于关系的战略同样重要。此外，政府可以更为方便和直接地为国有企业提供指导，因此传统观点认为国有企业将会成为政府信号释放下实施新政策的主力和先锋，然而近年来许多研究显示，随着中国改革开放的发展和市场化程度的不断提高，民营企业更有可能接收这些信号，努力参与CSR方面的工作。本研究会对中国企业政治战略研究和社会责任参与模式方面的理论有所深入。

政府发布有关CSR的合法性指导方针信号形成了一种对企业的合法性定义，企业对这些信号进行战略性响应是由其对政府的依赖程度决定的。本研究通过对企业政治依赖视角下政治关联、政治印记与财务资源影响因素的分析，解释了企业如何以及为什么要对政府信号进行战略性响应，积极参与社会责任工作的重要问题。对上述因素的研究可以丰富组织理论下政治策略前因问题中的相关理论研究，探明企业政治战略参与社会责任模式的内在机理。

2. 揭示了在企业内部通过组织成本影响社会责任表现的现实规律

以往对CSR的研究焦点多集中在探讨外部某一变量与社会责任表现之间的单一作用关系，或是概念变量对社会责任表现的影响，从直接影响CSR工作实际支出的内部组织成本视角出发的研究非常少见。以往研究多局限于关注企业外部社会责任履行过程中的成本问题分析，但从企业内部视角出发，对组织成本进行深入探讨，可以丰富影响CSR披露与履行现实表现动因方面研究的理论视角。本研究通过分析企业在社会责任披露和实施工作方面的行为表现，分析不同情况下企业内部组织成本的付出，从而阐明组织成本对CSR披露与履行表现及其他利益相关者的实际影响，并且突破性地应用实证手段对该问题进行大样本数据分析，为CSR研究范畴提供新的研究视角和理论参考。

3. 打破了目前对公司规模和所有制形式等影响企业社会责任因素的研究局限

分析以往CSR研究发现，将公司规模与所有制形式等重要因素作为自变量进行研究已非常普遍，也正是由于文献中关于相关变量预测能力的这一共识，本研究重点关注了这些变量。当前越来越多的研究显示，以往被单纯视为控制变量的公司规模与所有制形式等因素在实际影响过程中往往起到与传统印象相背离的作用，这便成为本研究开始重点关注这些影响变量的重要证据。

当前研究认为公司规模等这样的直接因素对企业社会责任活动的结果表现有影响，但所得研究结论也仅止于此。与现有文献相比，本研究继续深入探索，重点分析上述因素是如何影响社会责任活动现实表现的，影响机制是如何实现的，并尝试运用门槛效应模型方法给出更准确的回答。对这些重要的直接影响因素的关注与研究，可以更好地解释企业社会责任披露与履行表现现实差距的形成过程，为社会责任履行实质性问题提供更为清晰的研究过程与解释。

1.2.2 实践价值

1. 有助于企业深入理解CSR报告发布的作用机制

在政府释放合规信号的先导条件下，本研究运用政治依赖路径解释了企业发布CSR报告的机制过程。企业选择响应政府信号机制是出于对政府及外部资源的依赖；如果企业选择主动向外部发布CSR报告，同样会提升企业的合法性地位，与未发布CSR报告企业相比，将有更大可能获得政府及外部资源青睐。详细分析企业以政治依赖为路径对政府合规信号进行响应过程的另一个意义在于，它不仅能够帮助企业更清晰地认识选择发布CSR报告的目的，还能帮助企业与政府建立良好的关系，提升企业合法性地位，增强企业在市场或行业中的竞争优势，为企业未来的发展增加潜在助力。

2. 有助于企业重视造成CSR披露与履行不一致现象的内在组织问题

虽然当前全球企业参与CSR活动的数量呈增长趋势，CSR报告内容也日趋完善，但在对外披露CSR信息的过程中，大部分企业都忽略了自身的实际履行情况是否与报告内容一致并及时纠正，部分企业甚至为追求短期利益，会刻意选择成本较低但能带来较高绩效回报的象征性CSR披露，出现夸大履行内容或实施滞后等情况。造成这种现象的原因，一方面是企业与社会或消费者之间存在信息不对称；另一方面是企业内部过于复杂的组织结构导致行政效力减弱，反映在现实履行情况上就会表现出与高层CSR策略发生偏离。系统分析CSR披露与履行间的差异问题，可以让企业更加了解组织内部参与CSR活动的运行机制，让企业预防CSR披露与履行不一致带来的市场风险，有利于企业优化组织内部结构，关注外部利益相关者权益，及早避免可能给公司带来损失的潜在风险。

3. 有助于政府完善CSR监管机制，差异化加强经济欠发达地区政府监管与媒体监督作用

CSR是企业自愿行为，当前各国针对CSR出台的政策法规还不完善，在加紧出台相应规章制度的同时，加强政府与社会监督就显得尤为迫切。本研究深入分析了政府与媒体在企业参与CSR活动中的重要作用，以及二者在不同行业、不同规模、不同地区企业参与CSR过程的表现情况。这有利于政府更加清晰地了解不同情况下企业在CSR活动中的现实表现，对实际情况进行差异化管理，有侧重地履行政府监督职能。同时也有利于媒体聚焦行为不够规范的行业、企业，积极发挥媒体力量，履行第三方监督职能，更好地保护社会及消费者权益。此外，本研究也有益于政府在未来出台更加完善的政策法规。法

之当用，务必详尽，因而更需要首先理清影响CSR参与和实际表现的因素，要根据具体情况，做到分别规范，有差别地进行外部约束，这样才能更好地促进CSR工作发展，更好地保护社会及各利益相关方权益。

1.3 研究内容与研究方法

1.3.1 研究内容

根据上述研究背景下发现的主要问题，本研究主要围绕以下四个部分展开。

1. 基于资源依赖理论，研究政治依赖对CSR报告发布的影响

以政府释放合规信号为开端，企业出于自身发展需要对政府资源的倾斜与扶持产生极大渴望，因此会对政府信号进行响应以获取自身的政治合法性地位，从而达到获得外部资源进行自身发展的目的。在这一影响过程中，本研究引入政治关联、政治印记与财务资源变量探讨影响企业CSR报告发布的前因。基于翔实的理论分析，选择中国制造业上市公司为研究对象，通过实证手段对企业响应政府信号机制下的上述关系模型进行检验。通过理论研究与实证检验，为企业发布CSR报告提供理论和实践指导，为政府完善CSR政策体系提供帮助。

2. 基于组织成本理论，研究相关企业特征对CSR履行实质性的影响

从组织内部视角出发，探讨在组织成本作用下，企业的所有制结构、企业规模与企业所处行业的竞争程度等相关因素对已发布报告企业在披露内容与现实履行方面的实际影响，分析造成CSR披露与履行表现不一致现象的前置影响因素。同时，验证所有制结构因素是否对CSR表现产生真正影响。在理论分析基础上，选取中国制造业上市公司中连续发布CSR报告的企业为研究样本，通过实证手段对影响企业CSR履行实质性的前因进行检验。为企业提升自身CSR表现，更大程度造福利益相关者与社会提供理论支撑与实践指导，为政府CSR政策制定提供分类依据，以更好改善企业CSR表现，为激发企业履行活力提供帮助。

3. 基于期望理论，研究外部监督在影响CSR履行实质性过程中的中介作用

将外部监督引入企业特征对CSR履行实质性的影响关系中，将社会期望与政府监督看作两项对企业影响最大的外部监督要素，构建“企业特征—外部监督—CSR披露与履行表现”的企业内外部影响下的CSR参与模式。在这一理论模型的基础上详细分析各重要企业特征变量与CSR履行实质性的关系以及社会期望与政府监督在此过程中的中介作用机制，提出相关研究的理论假设。在理论分析的基础上对二者中介作用进行实证检验，检验过程借鉴Baron和Kenny（1986）提出的经典的三部曲验证法。通过理论分析与实证检验，为探明影响CSR表现的中介机制提供帮助。

4. 应用门槛效应模型，研究企业规模与行业竞争度对CSR履行实质性的内在影响机理

在找到影响企业CSR履行实质性的前因变量情况下，为继续深入探讨企业特征变量对CSR履行实质性的具体影响机制与变化，本研究应用门槛效应模型分析了企业规模与行业竞争度变量对CSR履行实质性更为复杂的影响过程，通过对门槛阈值与置信区间的深入探索，分析了不同规模与行业竞争情况下，相应企业特征变量的变化会对企业CSR履行实质性表现产生的具体影响。通过实证手段对理论假设的检验与验证，为企业结合自身现实情况参与CSR活动以及政府根据企业现实情况制定相关CSR政策提供理论支撑与实践指导。

1.3.2 研究方法

1. 文献分析法

社会科学研究方法中最常用也是最基础的研究方法即文献分析法。通过对一定时期内某一个研究领域或研究方向下，相关研究的当下情况、研究进展和已有研究成果进行系统的、全面的文献综述，研究人员可以了解当前国内外的研究现状、研究空白、存在的问题以及未来可以进行深入研究的新方向。结合研究目的及想要解决的问题，本研究主要针对社会责任理论、利益相关者理论、组织成本理论，以及政治依赖等方面的相关研究进行文献梳理，为开展后续实证研究工作提供基础条件。同时，也为本研究的研究脉络和研究框架的形成提供文献支撑并为后续科研工作提供坚实的理论基础。

2. 内容分析法

对企业社会责任评价方面的研究工作，研究人员在进行实证分析中通常会使用内容分析法、结果观测法，以及指数法等相关研究方法。内容分析法是通过对研究领域涵盖的文件信息进行阅读与分析，明晰观测对象的现实情况，同时查找、搜集文件内部所隐含的相关价值信息，完成对分析对象的系统、全面的客观评价。结果观测法要求观测对象在测量指标上选取一致的评价及披露口径，最终结果才能符合数据同源性要求。本研究主要采用内容分析法分析中国制造业上市企业社会责任报告的披露信息情况，辅以结果观测，确定最终CSR履行实质性的数据结果。

3. 实证研究法

实证研究方法是要求研究者为达到某一研究目的根据研究路线有选择地搜

集研究数据，提出相关理论及假设或通过统计手段实证检验理论与假设的研究方法。为研究企业社会责任报告披露的影响和企业社会责任履行实质性的影响因素，本研究对相关概念进行系统化操作，运用SPSS 23.0统计软件对数据，进行描述性统计与相关性分析。研究第一阶段使用多元回归模型对数据进行分析，并使用R语言对可能存在的异方差和离散点干扰进行了调整。第二阶段采用Eviews 9.0软件，通过F、RL及Husman检验确定建立面板数据模型形式进行面板数据回归分析，并对中介效应机制进行相关检验。第三阶段运用Stata 14.0软件，通过构建面板门槛效应回归模型考察企业规模与行业竞争度对履行实质性的具体影响机制。最后采用变量替换方法对模型稳健性进行检验，门槛效应模型使用F值结果检验模型稳健性。

1.4 逻辑结构与技术路线图

1.4.1 逻辑结构

近些年，我国的企业社会责任工作已经有了显著发展。上市公司年度CSR报告的发布数量逐年递增，政府相关政策和监管措施出台，新闻媒体的舆论监督，都标志着CSR工作越来越受到企业、政府和社会的重视。深入研究发现，社会责任工作在我国的发展依然处于量变阶段，和发达国家相比还有一定的差距。同时，CSR对外披露与现实履行间的不一致情况已经成为全球经济活动中暴露出的共同问题。本研究以政府释放合规信号为开端，从政治依赖视角探究影响企业响应政府信号发布社会责任报告的过程机理；随后深入研究对政府信号进行战略响应的（对外发布CSR报告）企业，通过组织成本与产业组织视角下的直接影响因素和外部监督两方面，进一步发掘造成CSR披露与履行表现不一致现象的具体因素，运用门槛效应模型分析影响机制过程。

第1章（绪论）：本章从CSR视角出发，分析了在全球CSR报告披露数量与质量逐年向好的当前阶段，企业参与CSR过程中暴露的问题，同时指出了企业发布CSR报告的路径机制及与政府间的潜在联系，为理论界进一步研究CSR披露与履行之间的关系寻找新的突破口。本章提出了本研究的主要内容、逻辑结构与技术路线，以及研究意义与主要创新点。

第2章（文献综述）：本章主要对相关文献进行梳理和评价，对企业社会责任思想的发展及演进进行梳理。什么是企业社会责任，其范畴与定义是什么？企业社会责任的披露和履行有什么区别？如何科学评价企业社会责任的披露和履行？在政府信号传输过程中政治依赖如何影响企业社会责任报告的披露？企业内部组织成本与外部监督如何影响企业社会责任履行实质性？造成社会责任披露与履行差异的影响机制是什么？本章归纳和总结了现有企业社会责任文献对以上问题的主要观点，找到了已有研究的不足和未来研究的方向。

第3章（CSR披露影响研究的理论分析与研究假设）：本章为强化理论支撑，通过对基础理论的梳理，讨论在应用经典理论的基础上如何分析CSR披露影响问题。基于资源依赖理论，通过分析政治策略下的企业政治行为，提出以政治依赖为研究视角，探讨企业CSR报告发布的影响机制，构建政治依赖路径下的相关影响关系模型，最后提出CSR披露影响研究的相关假设。

第4章（CSR披露影响研究的实证检验）：本章选取中国制造业955家上市公司作为主要研究对象，对所有变量进行定义，对研究数据的来源和搜集过程进行说明，并对关键变量的操作化方式进行列式，构建待检验的理论研究模型。实证检验过程中采用SPSS 23.0软件，首先对搜集来的数据进行描述性统计分析；其次对各变量间的相关性程度进行分析，在对政治依赖影响企业社会责任报告发布的实证检验中，使用R语言对可能存在的异方差和离散点干扰进行了调整，随后完成实证检验工作；最后采取变量替换方法进行模型稳健性检验。

第5章（CSR履行实质性影响研究的理论分析与研究假设）：本章从基础理论开始，分析并构建相关研究模型，继而提出要证明的假设。借助组织成本理论、产业组织理论、期望理论与公共压力等对三个子问题进行分析并提出相关研究假设：其一，造成企业社会责任披露与履行不一致现象的影响因素；其二，企业规模与行业竞争度对社会责任履行实质性的影响机理与边界条件；其三，社会期望与政府监督的中介效应机制。从以上三个方面入手对相关理论进行阐述和分析，最终提出相关研究假设。

第6章（CSR履行实质性影响研究的实证检验）：本章选取2015年至2017年发布企业社会责任报告的290家中国制造业上市公司作为面板数据，对相关研究变量进行量化统计，实证数据均来自WIND数据库及国泰安数据库，部分指标从CIKI数据库搜集下载统计得来。实证检验阶段采用Eviews 9.0软件，通过F、RL及Hausman检验确定建立面板数据模型的类型，对影响企业社会责任履行实质性的面板数据进行面板回归分析，并对中介效应机制进行相关检验。此外，运用Stata 14.0软件，通过构建面板门槛回归模型，以企业规模及行业竞争度为门槛变量分别进行实证检验与分析。最后，使用变量替换法进行模型稳健性检验，门槛效应模型使用F值结果检验模型稳健性。

第7章（研究结论与讨论）：本章根据提出的研究问题与实证分析的假设检验结果，总结研究结论，分析对实践的启示，提出合理化建议，最后指出本研究过程中存在的不足与对未来研究的展望。

1.4.2 技术路线图

本书的技术路线如图1-2所示。

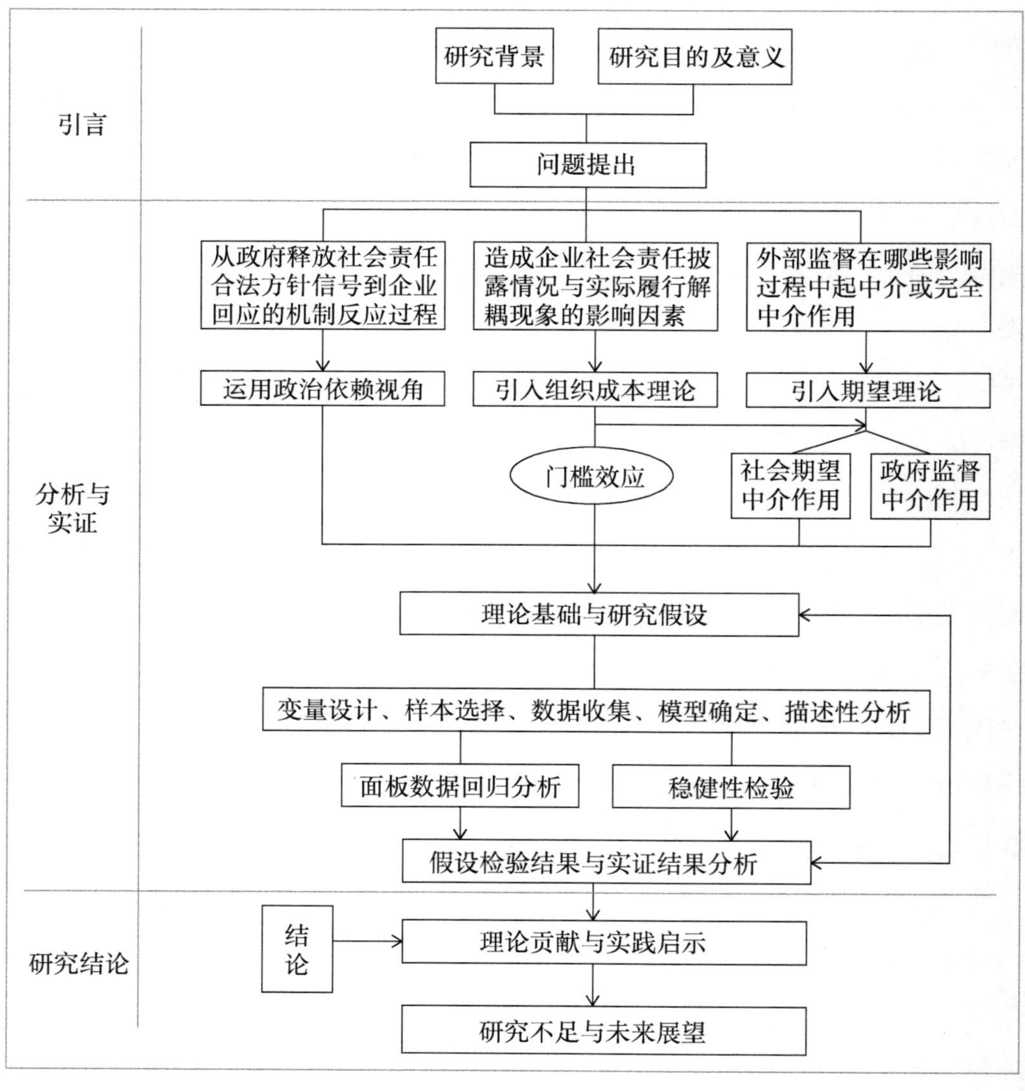

图1-2　技术路线图

1.5 研究的创新点

（1）基于资源依赖理论，建立了从政治依赖视角出发分析影响企业社会责任报告发布前因的机制模型。探讨了政治依赖路径下的政治关联、政治印记、财务资源对企业是否选择发布CSR报告的影响，并通过对政治关联因素的进一步分解，研究了中央和地方政治关联对CSR报告发布的不同作用。加入政治印记因素，揭示了企业创始时期外部环境对企业运营和决策的持续性影响。

（2）运用组织成本理论，突破性地提供了从企业内部成本视角出发分析影响社会责任现实表现的新方法。在探讨企业社会责任成本问题时，以往研究通常只注重企业外部成本问题。而从企业内部视角出发，运用组织成本理论解释企业参与CSR披露和履行活动中产生的组织内部变化可以更直观地说明企业参与CSR活动的内部机制运作情况。同时，引入组织成本理论可以扩展对CSR参与问题理解的新模式，开辟企业社会责任问题研究的新路径。

（3）运用门槛效应分析方法，克服现有研究局限，揭示了影响企业社会责任履行实质性变化的内在机理。应用门槛效应模型的实证分析不仅可以研究企业规模与行业竞争度变量对CSR履行实质性是否有影响，还可以分析相关变量对CSR履行实质性更为复杂的影响过程。同时，在探讨企业规模与行业竞争度变化对CSR履行实质性影响过程中，门槛阈值和置信区间可以更为科学、全面地体现相关变量对CSR履行实质性的不同影响变化过程，为CSR领域和相关问题研究提供技术性支撑。

（4）推动CSR解耦领域研究进入大样本实证研究阶段。处于CSR解耦研究前沿的西方学者大多采用理论分析法、问卷调查法、访谈调研法和归纳统计法等进行相关问题研究，且普遍侧重于CSR环境责任方面。本研究通过对润灵环球（Rankins CSR Ratings，RKS）等因素的合理设计，对CSR履行实质性、企业规模、行业竞争度、社会期望和政府监督等相关变量科学测量，运用实证手段实现了对CSR解耦问题的相关前因分析，为今后CSR解耦领域相关问题研究提供新的思路。

第2章
文献综述

2.1 企业社会责任发展综述

2.1.1 企业社会责任发展概述

1. 20世纪初：企业社会责任思想萌芽

企业社会责任思想从诞生到不断演化，经历了漫长和复杂的发展过程。有关社会责任（Social Responsibility）的说法很早就被提出，20世纪30年到40年代，Chester Barnard（1938），J. M. Clark（1939）和Theodore Kreps（1940）发表的相关文章中都提到过这一概念。需要指出的是，《财富》杂志在1946年就针对就企业高管（那个时期称为“商人”〈businessmen〉）社会责任的问题做过调查（Bowen，1953）。

2. 20世纪50年代到60年代：初期的企业社会责任

Howard R. Bowen（1953）是首位对企业社会责任（CSR）这一概念进行专门研究的学者，他具有里程碑意义的著作*Social Responsibilities of the Businessman*中即提出“对于社会而言，大家期待商人应当承担什么样的社会责任？”Bowen也在书中给出了关于CSR的最初定义：“它（CSR）指的是商人有义务在追求策略、做出决定并且遵守行为底线的时候以社会的公平与价值为标准。”也正因为Bowen所做的关于CSR的开创性工作，他被学术界尊称为“企业社会责任之父”。20世纪50年代研究CSR比较重要的学者还有Selekman（1959）、Heald（1957）和Eells（1956）等。

20世纪60年代，CSR的研究有了新的发展，其中比较重要的是Keith Davis提出的著名的“责任铁律”（Iron Law of Responsibility），即“商人的社会责任应该与其社会权利相匹配”。另一位做出卓越贡献的学者是Joseph W. McGuire，他在*Business and Society*一书中提出，“企业不但要有经济和法律的义务，还应该承担超出企业义务之外的对社会的责任”。虽然McGuire并未清晰表明这些义务究竟是什么，但他详细说明了企业应该关注政策、社区福利、教育和员工福利等，这与今天的社会责任范畴已经非常接近。

3. 20世纪70年代：企业社会责任研究空前发展，百家争鸣

CSR在20世纪70年代得到了空前发展，随着关注的增多和对CSR范畴的逐步完善，更多理念被提出。Morrell Heald在1970年出版了*The Social Responsibilities of Business: Company and Community 1900-1960*一书。书中提到“商人对社会责任概念的理解必须最终和他们自身的实际情况联系起来”，换句话说，社会责任的意义必须能够在与商人相关的实际政策中被找到。这一点应该引起今天学者的重视，学者在探讨企业应该承担哪些方面社会责任的时候一定要将企业的自身情况、行业属性，以及现实环境作为一个有机的整体进行研究。1971年Harold Johnson在*Business in Contemporary Society: Framework and Issues*一书中首次提出“世俗观点”这一说法，也是在这本书中，Johnson提出了关于CSR的第二种观点，也是被很多学者沿用至今的一个观点，即“社会责任提出企业开展社会项目能够为其组织增加利益”。在这种观点中，CSR被视为一种企业的长期利益而存在，这也是当今很多CSR与CFP实证研究中对CSR的定位。Johnson提出的第三种观点，被他称为“效用最大化”，他主张“企业的首要动机是效用最大化；企业寻求多种目标而不单是利润最大化”。随后他在书中指出“一个具有社会责任感的企业家或经理人，他的兴趣不仅仅在谋求自己的福祉，也在谋求企业的其他成员和他的同胞的福祉”，这种观点更适用于当今的CSR理念。

同年，一个对CSR发展具有里程碑意义的事件是美国经济发展委员会（The World Centre of Excellence for Destinations，CED）出版了《商业公司社会责任》（*Social Responsibilities of Business Corporations*）白皮书。CED强调，“公众认同的商业功能，其首要目的是建设性地服务社会需求，达成社会满意度。”从中可以看出，社会对企业的期望应该是为整个社会创造最大化的利益而不单单是为公司和股东创造利益。值得注意的是，CED在白皮书中回应了20世纪60年代末70年代初尊重环境、工作安全、消费者和员工方面向由政府管理的转变。这也意味着当社会认识到企业应该承担更多社会责任的情况下，政府有意加强相关监管从而促进企业履行社会责任的一种自主性的积极作为。同时报告还提及CSR应由内圈、中圈与外圈三个层次构成：内圈责任涵盖了企业自身最基本的经济功能，即满足股东利益、创造就业岗位、向消费者提供产品、促进社会经济发展等；中圈责任是更广义的经济职责，企业的社会责任与社会价值和重要社会问题紧密结合，如尊重消费者意愿、公平对待雇员，以及更多的环境保护措施；外圈是促进社会进步、积极改善社会环境，以及消除社会贫困等隐性责任。上述观点被学术界称作CSR的“同心圆模型”。如图2-1所示。

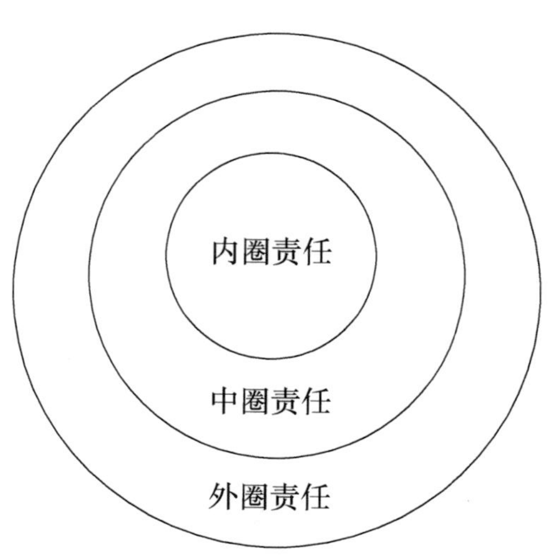

图2-1 企业社会责任同心圆模型

1972年，美国企业家协会赞助了一场关于CSR的辩论，参与其中的有Henry G. Manne和Henry C. Wallich，这场辩论的观点被总结进他们的*The Modern Corporation and Social Responsibility*一书中。在辩论中，Manne提出“对企业负责任的行为是，一项商业支出或者活动，它的边际支出一定小于其替代支出的回报，一定是出于完全自愿并且是一项切实的企业支出而不是出于个人的慷慨”。他认为CSR活动应该具有能够为企业带来利益的动机并且完全出于自愿。

“社会责任始于法律终结的地方，在法律界限之外的范畴，应该让企业的社会责任理念继续指引企业的经营与发展。”（Carroll，1999）这是Carroll对Keith Davis于1973年重新研究CSR时所做的定义的解释。Keith提出“公司有义务综合考虑社会利益和企业传统经济收益，对其做出决策的过程同外部社会系统的影响进行评估”。他的观点表明企业在做任何决策的过程中，不单单要考虑企业自身，还要考虑到整个社会的利益。1975年美国经济学教授Jules Backman在他的著作*Key Issues Lecture Series at New York University*中写到“社会责任通常是指应该由企业予以重视的应对那些除了经济表现以外的目标和动机（如利润）”。随后Backman举例说明“社会责任应该覆盖雇用群体、减少污染、提高社区参与度、改善医疗服务、改善工业健康和安全等这些项目”。至此，可以看到CSR思想正在一步步地充实和完善。

20世纪70年代中期开始，对CSR的研究又迈上了一个新台阶，学者开始更多考虑CSR具体涉及哪些问题。1976年，H. Gordon Fitch指出“企业社会责任的作用是认真努力地解决公司造成的全部或者部分的社会问题”。Fitch的观点是要先确定一系列的社会问题，然后确定先解决哪一个，这在当时是一个从实际需求出发来理解CSR的非常好的思路。Abbott和Monsen （1979）通过研究当时《财富》杂志500强企业来揭示更多CSR的含义，首次提出企业“参与社会披露”，这应该是最早对企业应该发布社会责任报告的呼吁。他们还提出“社会责任披露”应该涵盖六大方面的内容，分别是：环境、公平运营、员工、社区参与、生产和其他。可见从这一时期开始，环境问题被正式提出纳入CSR的范畴，成为社会期待企业承担的一项社会责任。

这一时期要重点提到的一位学者是Archie B. Carroll，他在企业社会责任方面的贡献等同于1953年正式提出CSR定义的Howard R. Bowen，可称其为CSR的“亚父”。1979年，Carroll指出，“企业社会责任涵盖了经济、法律、道德和社会在给定时间给予企业的任意期望”。Carroll观点的第一部分指出“无论如何，商业机构是构成社会体系的基本经济单元，因此它有责任通过生产商品满足社会需求，并将之获利卖出，所有的其他业务角色都应该基于这一基本假设”。而正如社会期望企业赚取利润一样，社会同样期望企业遵守法律。法律是被期望由企业发挥作用的基本“游戏规则”，社会的第一要求即企业应在法律界限内完成自身经济使命，因此法律是Carroll观点中的第二部分。Carroll观点的第三部分指出，伦理责任代表了社会期望企业遵守的各种道德行为和伦理标准，虽然这部分责任一直在扩大，但确实是被当作一种超过了法律规定的部分而存在并且被期望着。Carroll观点的第四部分指出慈善责任，Carroll自己后来对这一部分进行了修改。由此形成Carroll企业社会责任金字塔模型，如图2-2所示。Carroll关于CSR的解释内容明确说明了企业社会责任只是一种受社会规范驱动的社会期望而已，这应该是企业社会责任形成的最基础的有效动机。

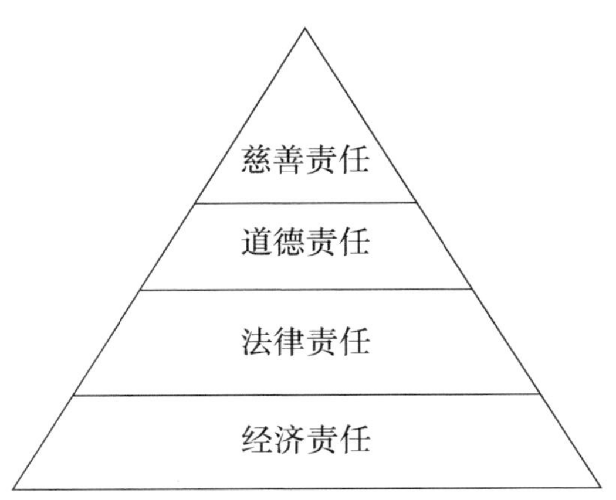

图2-2 Carroll企业社会责任金字塔模型

4. 20世纪80年代：企业社会责任迈进实证研究阶段

20世纪80年代开始，更多新的概念和主题被引入研究当中，比如企业的社会反映、企业社会绩效（CSP）、公共政策、商业伦理，以及利益相关者理论。这一时期提出有影响力观点的学者是Peter Drucker，他早在1954年就开始对CSR问题进行研究，1984年又重新提出了对CSR的理解。Drucker清晰地指出，“企业社会责任与企业经济绩效之间应是共存互助的关系，可把与企业责任相关的社会问题转化成自身生产力，比如生产能力、员工能力、待遇优厚的工作岗位和健康等因素。”这说明企业社会责任对企业绩效的影响不是直接的，而是需要转化的，社会责任工作可提升企业内部的能力，从而提高企业竞争力，带动企业利益增加。

这一时期，学者开始把目光从概念研究转移到实证研究，大量数据和模型被引入。1984年，Philip Cochran和Robert Wood提出一个分析CSR是否影响企业财务绩效的实证研究。Cochran和Wood利用各种方式调查企业的社会表现和财务表现，并最终决定使用信誉指数测量CSR。同时期进行CSR与CFP的实证研究的还有Aupperle，Carroll和Hatfield（1985），研究的主要问题在于如何设计一个好的CSP模型。1985年，Steven Wartick和Philip Cochran从Carroll的“责任、响应和社会问题三维模型”中，延伸提出了“企业社会表现评估模型”（Wartick和Cochran，1985），主要贡献是重铸了Carroll的三维模型理论。

5. 20世纪90年代：企业社会责任理论大发展

这一时期的学者多以CSR概念为基点研究其他相关概念或主题，比如对CSP、利益相关者理论、商业道德理论、企业公民等相关主题的研究，在每一个主题框架之下都有大量的相关文献。有一位学者因其贡献而需要着重介绍——Donna J. Wood。1991年她在Carroll（1979）的三维模型以及Wartick和Cochran （1985）的模型基础上，修订了CSP模型，这是在理论方面的一大进步。相比较Carroll的三维模型，Wartick和Cochran的模型更加全面，将CSR放到了更广阔的背景下进行研究。Donna J. Wood模型的贡献在于更加注重结果和表现，尽管这在早期的模型中已经隐含了，但她让这一点更加突出地显现出来，这是非常有意义的。

同样在1991年，Carroll在文章中对自己的四部分CSR定义做了改进。他将原有模型的第四部分改为博爱仁慈，并将企业公民理念也纳入其中。在当时特定的文化和历史背景下，慈善在社会上越来越流行，企业社会责任的研究对之有所侧重。在1991年文章的最后，Carroll总结，“企业社会责任应该是努力赚取利润、奉公守法、遵守道德，并且成为优秀的企业公民。”这篇文章还有一个创举。Carroll通过观察提出了一个CSR渐进影响利益相关者的理论，并特别强调CSR理念与利益相关者之间仿佛就是天作之合。他指出，在过往的研究中，CSR究竟包含哪些具体维度或应该承担哪些方面的责任一直是很模糊的，因而他引入了1984年由R. Edward Freeman提出的利益相关者理论，从而可以帮助企业家更加明晰自身应该承担的责任内容。Carroll的研究很好地解答了对于企业谁是最重要的，为此又要承担哪些责任的问题。

6. 进入21世纪以来：企业社会责任多元化发展，国内研究蓬勃兴起

进入21世纪，CSR相关研究多样化，从理论概念研究，到大数据时代下的实证研究，发展到与各个领域的交叉研究，多领域视角下的相关研究成果十分丰富。21世纪伊始，环境问题就被欧盟委员会（European Commission）正式列入CSR的边界，成为社会希望企业承担的一项新责任。2003年，学者Mark Schwartz对四层次模型进行创新，构建了全新的交叉圆模型。该模型表明，企业的社会责任由表示经济责任、法律责任、慈善责任和伦理责任的四个圆圈交织构成。各维度内的责任除了一小部分有一定不明显的交互作用外，其余部分责任都应该相对独立。这个模型的优点是淡化了各责任间的先后次序，突出了各责任间相互包容共存的特点，如图2-3所示。

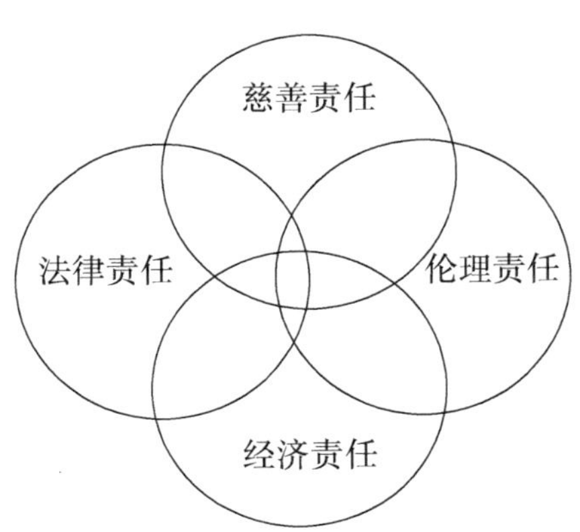

图2-3　企业社会责任交叉圆模型

进入21世纪以来，企业社会责任研究在我国蓬勃兴起，越来越多的学者和企业投入CSR的研究中，从不同视角出发对CSR展开了广泛讨论，以卢代富（2002）、梁桂全（2004）、叶祥松、黎友焕（2004）、石广生（2006）为代表的一大批学者开始结合我国情况对CSR加以定义并进行研究。

CSR经过半个多世纪的发展，在联合国倡导下，由54个国家和地区以及24个国际机构历经10年的共同努力，依托国际标准化组织，2010年11月正式发布ISO 26000《社会责任指南》，首次在全球范围内统一了CSR的定义，全面、系统地阐述了组织应对和处理社会责任相关核心主题和重要问题的方案和方法。ISO 26000《社会责任指南》将CSR概念定义为“通过透明和道德的行为，组织对其决策活动给社会和环境带来的影响承担的责任”。这一定义的突出贡献是把承担社会责任的主体扩展到整个组织层面，CSR不再只是商业机构所要关心的问题，政府、学校、医院、社会团体等各类型组织也都被社会期望并要求为其自身的决策活动对社会和环境所造成的后果和影响承担相应的责任。

2.1.2 企业社会责任主要定义

Howard R. Bowen（1953）是首位对企业社会责任（CSR）这一概念进行专门研究的学者，他给出了CSR的最初定义：“它（CSR）指的是商人有义务在追求策略、做出决定并且遵守行为底线的时候以社会的公平与价值为标准。”1960年Keith Davis将CSR定义为“商人做出决定和行为的原因至少部分超出了公司直接的经济或技术利益，商人的社会责任应该与其社会权利相匹配”。

早期对CSR定义有影响力的贡献者还有William C. Frederick，他指出，“社会责任应该是对经济系统中的操作进行监管并且努力实现公众的期望”，反过来，生产的经济意义应当是通过生产和实现就业的方式提高社会整体的福利，而说到底，社会经济和人类资源应该最终被用于整个社会而不仅仅是狭隘地为个人和公司服务（Frederick，1960）。Keith Davis和Robert Blomstrom在二人编著的*Business and its Environment*（1966）中对社会责任进行了定义：“社会责任指的是一个人有义务顾及他的决定和行为对整个社会系统的影响。商人应该顾及在他们的商业行为影响下其他人的需求和利益，这样做超出了其公司狭隘的经济和技术利益。”

在20世纪70年代，一位有着重要地位的学者George Steiner在其第一本书*Business and Society*（1971）中虽然沿用了Davis和Frederick对CSR的定义，但也提出了自己的观点：“商业需要并且必须维持基本的经济制度，但它确实也有责任帮助社会实现其基本目标，因此，企业需要有社会责任。”具有同样看法的还有Eells和Walton，他们在定义中提出，“在广泛的意义上来说，企业社会责任代表了超越单纯经济利益的社会的需要和目标。当今的商业系统只能生存在一个有效运作的自由社会之下，企业社会责任运动即代表了企业关注支持和改善整个社会秩序”（Eells和Walton，1974）。Eells和Walton的贡献在于引起了当时人们对CSR运动的广泛讨论，使同时期的学者和从业人员以各种方式关注这一主题。

1975年美国经济学教授Jules Backman提出“社会责任通常指应该由企业予以重视应对那些除了经济表现以外的目标和动机（如利润）”。1980年，Thomas M. Jones提出“企业社会责任指企业对除股东以外其他的社会团体具有承担超越法律和工会要求之外的责任的义务”。20世纪90年代初，Carroll在探讨CSR时写道：“企业社会责任应该是努力赚取利润、奉公守法、遵守道德，并且成为一个优秀的企业公民。”2001年欧盟委员会给出的CSR定义为

"企业在其业务运营和与利益相关者自愿互动的基础之上整合社会及环境问题。"环境问题被正式列入CSR的边界之内，成为社会希望企业承担的一项新责任。

卢代富（2002）研究指出："企业社会责任就是指企业在谋求股东利润最大化之外所负有的维护和增进社会利益的义务。企业社会责任包括对雇员的责任，对消费者的责任，对债权人的责任，对环境、资源保护与合理利用的责任，对所在社区经济发展的责任、对社会福利和社会公益事业的责任。"梁桂全（2004）认为："企业社会责任的本质是在经济全球化背景下企业对其自身经济行为的道德约束，它既是企业的宗旨和经营理念，又是企业用来约束企业内部包括供应商生产经营行为的一套管理和评估体系。"叶祥松、黎友焕（2004）在详细分析企业社会责任特征后指出："企业社会责任包括两个特征，第一是法律和制度要求的强制性的社会责任，这类企业社会责任往往是通过相应法律、法规、行业标准等制度的制定来强制推行的；第二是道德和价值观念要求的自发的社会责任，这类企业社会责任的推行是建立在企业文化中对人、自然、社会和谐关系的认可上，体现了企业家自身的人文素质与价值观念。"石广生（2006）研究认为，对企业发展来说，除了要满足经济功能外，还应该同样重视与企业相关的其他利益群体，比如人才、环境、资源和社会等方面。对各方面条件的不断优化和对周边环境的持续改善，是整个社会和每一家企业所应该承担的共同责任。

学者李正和向锐（2007）同样认为CSR是企业在经济使命之外理应承担的社会性质的责任，其愿景和最终目的应该是增加社会福利，同时提升企业活动的合法性以及合理性。周祖城（2007）在研究中指出"企业社会责任是指企业应该承担的，以利益相关者为对象，包含经济责任、法律责任和道德责

续表

任在内的一种综合责任”。徐明棋（2008）在研究中描述企业社会责任“是被社会大众认可、期望的法律之外的责任”。

研究发展到今天依然没有达成一个对CSR统一的定义，更多人表明这是一个“模糊并且有争议的概念”（Fairbrass，2011）。成因是多方面的，一方面是大家对CSR的视角、形式等没有形成统一的认识；另一方面是随着社会经济的不断发展，CSR的内涵和边界也一直在延伸。本研究参考过往文献，依据ISO 26000和GB/T 36000—2015《社会责任指南》，将企业社会责任定义为“企业通过透明和合乎道德的行为为其决策和活动对社会和环境的影响而承担的责任”。具体行为包括，致力于可持续发展，包括社会成员的健康和社会的福祉；考虑利益相关方的期望；符合适用法律法规并与国际行为规范相一致；被融入整个组织并在组织关系中实施。整理CSR的不同定义如表2-1所示。

表2-1　企业社会责任主要定义整理

重要学者	时间	CSR定义
Howard R. Bowen	1953	企业社会责任指的是商人有义务在追求策略、做出决定并且遵守行为底线的时候以社会的公平与价值为标准。
Keith Davis	1960	商人做出决定和行为的原因至少部分超出了公司直接的经济或技术利益，商人的社会责任应该与其社会权利相匹配。
William C. Frederick	1960	社会责任应该是对经济系统中的操作进行监管并且努力实现公众的期望。
Joseph W. McGuire	1963	企业不但要有经济和法律的义务，还应该承担超出企业义务之外的对社会的责任。
keith Davis和Robert Blomstrom	1966	社会责任指的是一个人有义务顾及他的决定和行为在整个社会系统下的影响。商人应该顾及在他们的商业行为影响下其他人的需求和利益，这样做超出了其公司狭隘的经济和技术利益。

续表

重要学者	时间	CSR定义
Keith Davis	1967（修订）	企业社会责任的实质源于一个人行为的道德后果，因为这可能影响其他人的利益，因此社会责任强调的是机构行为对整个社会系统的影响。
Morrell Heald	1970	商人对社会责任概念的理解必须最终和他们自身的实际情况联系起来。
Harold Johnson	1971	具有社会责任感的企业其管理人员应该能够平衡多方利益。相比较只考虑股东利益的最大化，一个具有社会责任感的企业还应该照顾到员工、供应商、经销商、当地社区和国家的利益。
经济发展委员会（CED）	1971	公众同意的商业功能，其首要目的是建设性地服务社会需求，达成社会满意度。
George Steiner	1971	商业需要并且必须维持基本的经济制度，但它确实也有责任帮助社会实现其基本目标，因此，企业需要有社会责任。
Manne	1972	对企业负责任的行为是，一项商业支出或者活动，它的边际支出一定小于其替代支出的回报，一定是出于完全自愿并且是一项切实的企业支出而不是出于个人的慷慨。
Keith Davis	1973	公司有义务结合社会利益和企业传统经济收益，对其做出决策的过程同外部社会系统的影响进行评估。
Eells和Walton	1974	在广泛的意义上来说，企业社会责任代表了超越单纯经济利益的社会的需要和目标。当今的商业系统只能生存在一个有效运作的自由社会之下，企业社会责任运动即代表了企业关注支持和改善整个社会秩序。
Jules Backman	1975	社会责任通常指应该由企业予以重视应对那些除了经济表现以外的目标和动机（如利润），应该覆盖雇用群体、减少污染、提高社区参与度、改善医疗服务、改善工业健康和安全等这些项目。
S. Prakash Sethi	1975	社会责任指的是与当时的社会标准、价值观和预期表现提升到同等层次的企业行为。
H. Gordon Fitch	1976	企业社会责任的作用是认真努力解决公司造成的全部或者部分社会问题。
Archie B. Carroll	1979（修订）	企业社会责任涵盖了经济、法律、道德和社会在给定时间给予企业的任意期望。

续表

重要学者	时间	CSR定义
Thomas M. Jones	1980	企业社会责任指企业对除股东以外其他的社会团体具有承担超越法律和工会要求之外的责任的义务。
Peter Drucker	1984	企业社会责任与企业经济绩效之间应该是共存互助的关系，可把关乎企业责任的社会问题转化成自身生产力，比如生产能力、员工能力、待遇优厚的工作岗位和健康等因素。
Carroll	1991（修订）	企业社会责任应该是努力赚取利润、奉公守法、遵守道德，并且成为一个优秀的企业公民。
Robbins Stephen P.	1991	企业超过法律和经济要求的为谋求对社会有利的长远目标所履行的责任。
Harold Koontz	1993	企业的社会责任就是对企业行为对社会的影响进行认真的权衡。
Robbins Stephen P.	1994	企业社会责任是企业追求有利于社会的长远目标的义务，而不是法律和经济所要求的义务。
李洪贵	1995	企业社会责任指企业在组织生产的过程中应以积极负责的态度，尽量使自己的行为符合社会标准，并积极参与社会问题的解决。
刘俊海	1997	公司不应以最大限度地为股东盈利作为自己存在的唯一目的，而应当最大限度地增加股东利益之外的其他社会利益。
世界企业可持续发展委员会（WBCSD）	1998	企业针对社会（包括股东与其他利益相关者）的合乎道德的行为。
P. H. Werhane	1998	企业具有的超出对其业主或股东狭隘责任观念的对整个社会所应履行的责任。
张兰霞	1999	企业为了所处社会的福利而必须关心的道义上的责任。
Archie B. Carroll	2000	社会在一定时期内对企业提出的经济、法律、道德和慈善期望。
世界银行	2000	企业与关键利益相关者的关系、价值观、遵纪守法以及尊重人、社区和环境有关的政策和实践的集合。它是企业为改善利益相关者的生活质量而贡献于可持续发展的一种承诺。
陈炳福	2000	企业社会责任包括支持公益事业，如赞助慈善活动等。
欧盟委员会	2001	企业在其业务运营和与利益相关者自愿互动的基础之上整合社会及环境问题。

续表

重要学者	时间	CSR定义
卢代富	2002	企业社会责任就是指企业在谋求股东利润最大化之外所负有的维护和增加社会利益的义务。
叶祥松，黎友焕	2004	企业社会责任包括两个特征，第一是法律和制度要求的强制性的社会责任，这类社会责任往往是通过相应法律、法规、行业标准等制度的制定来强制推行的；第二是道德和价值观念要求的自发的社会责任，这类社会责任的推行是建立在企业文化中对人、自然、社会和谐关系的认可上，体现了企业家自身的人文素质与价值观念。
周祖城	2005	企业社会责任是企业应该履行的，以利益相关者为对象，包含经济责任、法律责任与道德责任在内的一种综合责任。
菲力普·科特勒	2006	企业社会责任是企业通过自由决定的商业实践以及企业自愿的捐献来改善社会福利的一种承诺。
张伟凡	2007	企业社会责任是指企业在追求利益最大化的同时应履行的维护和促进社会进步的义务。即企业在制订决策时，应遵守法律法规，关注道德价值，同时尊重公民，造福社区并保护环境。
徐明棋	2008	企业社会责任是被社会大众认可、期望的法律之外的责任。
曹凤月	2008	企业社会责任是一种超越了只为股东利益负责的更为广泛的责任，它不以企业短期的经济利益为目标，而是致力于社会发展进步，致力于人类健康和平的理性而长期的综合责任。

2.2 CSR履行实质性综述

2.2.1 CSR履行实质性的定义

CSR履行实质性表示企业在社会责任披露与履行表现方面的差异性问题，在定义此概念前，应该首先区分CSR表现（包括CSR披露表现和CSR履行表现）的含义。以往研究对CSR披露与CSR履行这两个概念的定义并不明确，但可以从词源和文献中的解释对这两个概念进行理解。

从词源方面，企业社会责任概念起源于国外，过往文献关于“披露”和“履行”最常使用的是disclosure和implementation两个单词。《朗文当代英语大辞典》中对disclosure的释义是“透露、公开（the act of disclosing）”；对implementation的释义是“实施、执行、贯彻（to carry out or put into practice）”。在《辞海》中，披露的意思是“发表、公布”；履行的意思是“实行、实践”。

从文献来看，现有的研究资料并不将CSR披露与CSR履行作为单独概念进行解释，多直接对企业社会责任这一笼统概念进行研究。

1. CSR披露

Wickert（2016）解释披露是“公司责任的主要外部文件”，这种“外部文件”更多的作用是用来区分竞争对手，建立更好的形象和声誉（Fombrun和Shanley，1990）。Balmer和Greyser（2006）强调CSR披露是“由企业部署的与客户和其他选区进行沟通的各种通信渠道”。CSR披露方式包括社会责任报告、企业网站、广告和商品标签等（Du等，2010）。因此，披露看来就是一种用于与外部进行沟通的信息化文件。此外，McDonnell和Brayden（2013）在关于提升企业形象与抵制消费者威胁的研究中提到，“披露作为一种亲社会诉求的表现形式属于印象管理策略的一种，是通过创建符号图像和文档的方式进行印象管理”，就是说，企业通常运用图文报告等最常见到的披露手段，提升企业的印象管理和在外部的形象地位。沈戈等（2014）也曾在研究中指出，“信息在本质上是收敛地反映事物和行为的一种信号……企业社会责任行为首先是一个社会行为，行为本身并不是发生在资本市场，而是发生在某些个特定的社会实体之间，再经信息系统收集、加工之后，形成报告传递到资本市场”，其中的“特定社会实体”就是社会责任中的利益相关者，同时也指出了社会责任披露概念中的几项关键内容。

（1）披露内容——企业与利益相关者之间的社会行为。

（2）披露过程——对所发生的行为进行信息搜集与加工。

（3）披露形式——形成报告或其他图文形式。

（4）信息传播目标——资本市场和社会。

至此，可以将CSR披露定义为：对企业与利益相关者实体之间发生的社会行为进行信息搜集、加工之后，形成报告发布或以其他信息形式传递到资本市场和社会。

2. CSR履行

Watts和Holme（1999）在解释哪些业务实践应该被视为社会责任行为时指出，“通常，企业社会责任代表了组织持续承诺在道德上行事，为经济发展做出贡献，同时提高了员工及其家属以及当地社区和整个社会的生活质量。”Watts和Holme对履行行为的解释相对具体，CSR研究发展到今天，相关行为的边界当然远不止这些，但从他们的解释中可以读出，CSR履行指的就是相关社会责任行为的具体实施。Maon，Lindgreen和Swaen（2008）在研究中强调了履行的过程性，他们指出“企业社会责任履行被认为是通过特定组织内部本意建构设定而完成的变革性过程”，可以将这里的本意建构（Sense-making）视为组织的特定相关政策、战略，履行就代表着对这些政策的具体实施过程。Wickert等（2016）在文献中用“Walking”一词形象生动地表达社会责任的履行这一过程。之后的文献中提到“履行”则指社会责任政策和计划的实质实施，是“在企业内部跨职能、部门、价值链等完成企业核心业务的过程中实施相关战略、政策和计划”。Aguilera等（2007）

在研究中对履行的内容进行了举例，指出“与社会责任披露相比，企业社会责任履行则是一种公司内的行为，例如改变生产方式以减少对环境的影响或改变企业内部和企业价值链之间的关系等一些措施的实施等”。Andrews（2001）曾在其关于社会运动与政策执行的文章中给出线索，他认为“履行（Implementation）就是相关政策的制订与实施”。履行到底是做什么？综合以上文献发现，学者描述这个概念的一个共同点就是关于CSR履行内容的界定，即企业执行的是由企业自身制订的相关社会责任的战略、政策和计划。履行方是企业，被履行方则是利益相关者实体，履行就是具体执行这些工作的过程。可以将CSR履行定义为：企业对利益相关者实体实施相关社会责任战略、政策和计划等方面实际行为的过程。

3. CSR履行实质性

本研究对CSR披露和CSR履行概念进行了严格的定义，这可以精准确定研究范围，更好地说明CSR履行实质性的含义，可对研究选取和设计相关评价方法起到非常大的帮助作用和提供理论支撑。对披露与履行差异概念，国外研究已经形成一定成果，最常用的研究主题是Greenwashing。《牛津英语词典》（第10版）将其定义为“由组织传播的信息用以表达对环境负责的公众形象，但事实却被认为是没有根据的或故意误导的”。Lyon和Maxwell（2011）提供了一个相对精确的定义：“选择性披露关于公司环境或社会绩效的积极信息，不完全披露这些方面的负面信息，从而创造一个十分积极的企业形象。”然而，以上研究过度聚焦于环境责任表现的披露方面。基于以上分析，本研究突破性地界定了CSR披露与履行的内容以及相对应的行为方式，简单来说，如果把企业比作一个人，CSR披露就像这个人说的话，CSR履行就是这个人做的事，因此，披露与履行的差异就可以理解为“说”与“做”之间的不一致程度。基于此，可以将CSR履行实质性定义为：在社会责任工作方面，企业对外信息披露的内容在多大程度上反映了自身真实的社会责任活动。注意，在本研究中，履行指的是企业在其自身披露信息范畴下的社会责任履行。在接下来的研究中，量化CSR履行实质性也就是量化对CSR报告的披露与履行二者之间不一致的程度。

2.2.2 CSR评价方法概述

过往企业社会责任研究中，学者所使用的CSR评价方法种类繁多，彼此之间分歧也较大，至今针对CSR表现的客观评价也没有形成统一的标准。不同学者关注的研究方向与研究问题都不尽相同，研究过程中对CSR参与的评价范畴界定并不一致，有狭义社会责任观点，也有广义社会责任观点，因此研究采用的度量方式、测量指标也并不完全统一。社会责任数据获取不便，研究中也经常出现披露评价与履行评价混淆的情况。通过对CSR评价方法的梳理，可以全面了解不同方法的优缺点，为不同研究领域对不同研究问题选择正确评价方法提供帮助。

国外研究方面，学者在实证分析中主要使用两种测量方法，分别是声誉指数法和内容分析法。

声誉指数法是研究企业社会责任问题最早使用的一种测量办法。具体方式是由一些专家学者或权威人士对样本企业在社会责任表现方面的情况进行评分，最后汇总评分结果并以分数高低排序，从而确定企业在社会责任方面的表现情况。最早使用声誉指数法的是美国经济优先权委员会（Council on Economic Priorities，CEP），1971年CEP首次运用该方法对24家造纸企业在环境污染控制方面进行排名。随后许多学者在研究中运用此评价方法测量CSR表现水平（McGuire，1988；Thomas，1994等）。美国《财富》杂志评价企业社会责任使用的公司声誉评级法，就是对声誉指数法的一种优化改进。此方法的缺陷也很明显，即在评价过程中内部一致性程度较高，全部评价工作由专家完成导致数据结果的主观性过强，并且不同评判群体的评价标准也很难达成一致。

内容分析法是通过搜集企业对外披露的报告（包括年报、CSR报告、官方网站信息、媒体新闻报道等）资料，以CSR实际履行情况为基础设计评价体系，有针对性地对资料内容进行统计分析，从而获得CSR表现的客观结果，一般情况下会将搜集来的资料从定性披露与定量披露两方面进行考察。Bowman和Haire（1975）是最早运用内容分析法测量CSR绩效的学者。后来Craven B.（2003）也使用内容分析法，通过统计企业社会责任报告的字数评价企业社会责任表现水平；Rasoul H. Tondkar（2005）以报告的字数、句数和页数三个维度进行评测，相较于Craven B有了方法上的进步。今天基于内容分析法的评价体系更多参考ISO 26000标准，从众多利益相关者角度进行评价，使结果更为客观和具有说服力。内容分析法的优势是当研究样本企业数量过多时，统计评价会更为方便，并且评价结果相对声誉指数法而言更为客观。但由于提取内容进行评分的主体是人，也依然在评价过程中存在主观臆断的情况。并且，使用这种方法就代表研究人员支持了一种前提假设，即定量信息要比定性信息的质量更高。

除了这两种常用主流方法，研究人员还使用污染指数法、机构评估法等评价方法。污染指数法多用于对企业环境表现的测量，通常由政府机构或专业评估机构设计评价指标，随后运用这些评价指标评估企业在环境方面的污染程度。污染指数法最早由Griffin和Mahon（1997）两位学者提出，目前学术研究中对环境表现评估最常使用的污染指标是“有毒污染物排放总量指标

（TRI）”。专业评估机构数据库法运用企业社会责任专业评价机构创建的CSR表现数据库对指标进行赋值研究。

国内研究方面，评价CSR表现的主流评价方法有四种。

第一种是基于内容分析法创建的指数法，也是学者最常采用的一种评价方法。此方法基于CSR报告的翔实内容，因而评价结果具有一定的准确性。宋献中、龚明晓（2006）在研究中使用狭义的内容分析法，选取2004年643家上证上市企业为研究样本，进行详细的内容分析，选择样本企业披露的社会责任会计信息，通过查询信息中出现的社会责任关键词数量以及报告页数来评价企业履行社会责任的效果。李正（2007）在研究中对这种指数法进行了改进，对研究样本的社会责任会计信息进行分维度统计，对不同维度以及下属子项目进行详细赋值，涵盖描述性评价及数据层面评价。这种广义的内容指数法虽然从定量信息与定性信息两方面进行了更为细致的区分评价，但缺点仍然是暗含了评价假设，并因个人的分类标准与赋值标准仍存在主观判断的缺陷，评价依据也很难对不同行业企业的社会责任表现情况科学区分。

第二种方法是问卷调研法。首先对社会责任模型中测量维度逐一设计一套调研题目，绘制成测量量表，随后对样本企业发放调查问卷，通过分析受访者对调查问卷中每个题目的感知程度（题目的选项或打分情况）得出受访企业的CSR表现水平。最有代表性的是Aupperle，Carroll和Hatfield（1985）设计的调研问卷。以Carroll（1979）的四责任框架为理论基础，按照严格的科学流程，编撰CSR导向（Corporate Social Responsibility Orientation，CSRO）评价量表。Aupperle在1990年的研究中进一步改良了该量表的评测题目与评分标准，使得评测项目更加细化与合理。最终设计完成的评价问卷包含15道选择题，每一题目的四个选择项目代表Carroll在模型中提出的四方面社会责任，如表2-2所示。每道题目全部选项相加的分数总和固定，受访者依据自身企业的偏好打分。例如某一调研每个问题四个选项的总分为10分，A选项4分，B选项3分，C选项2分，D选项1分，将全部15个问题的每一类选项分数结果进行加和平均，得到的即是调研对象对每一种社会责任的偏好程度。

表2-2　Aupperle量表示例

问题设置	代表的企业社会责任
您认为重要的是:	
持续自愿地参加慈善活动	A. 慈善（　　）
不应该为完成项目而忽视员工健康	B. 法律（　　）
财务利润始终比竞争对手高	C. 经济（　　）
公司的各个级别都不应该限制员工的言论自由	D. 道德（　　）

另一种比较具有代表性的问卷法是基于问卷调研反馈自行设计评价量表。郑海东（2016）在研究中为了得到适用于各种规模企业的评价体系，先向59名包含高管和普通员工且人员平均工作年限5年以上的调研对象发放问卷，让其自行写出5至10条与企业社会责任相关的描述，结合其他文献和国际知名评价标准的内容，总结出504条相关描述。根据利益相关者理论对这些进行分类，每一大类下分子类，然后由若干名研究助理将子类描述的重要性排序，根据测算合理性最终留下36个测算条目组成其评价量表的核心内容。随后再次发放问卷，由调研对象对保留条目的合理性进行打分，最终去掉2个条目后得到由34个条目组成的新型评价量表。此种方法的优点在于设计较为合理，且能适用于各种规模且不论是否有社会责任相关数据披露的公司，缺点在于由于评测过程是打分制，结果主观性较高，对不同调研对象可能存在结果偏差的情况。

基于声誉指数法和内容分析法的社会责任评价各有优缺点，但有一个共性就是学者基于社会责任报告或其他披露信息进行内容分析，因此这种评价标准所得到的结果严格来说都只算是CSR的披露信息。因为之前CSR的评测较难，所以学者为了便于研究经常会根据自己的研究内容将其假设当作社会责任的履行分数，这在严格意义上来说是有概念偏差的。本研究既要分析CSR披露也要探究CSR履行，因此有必要对测评方法的本质进行严格界定，并将使用中的混淆情况揭示清楚。

第三种方法是专业机构评价法，即采用专业评估机构的结果或第三方评价的相关指标进行评测。龙文斌与宋献中（2014）用外部权威机构对企业社会责任各维度表现的奖项作为社会责任投入（表现）水平衡量指标。李维安（2006）开发公司治理指数CCGINK进行评测，其中的信息披露指数与利益相关者治理指数两个维度可以很好地反映企业在社会责任方面的表现。

第四种方法是社会责任会计评价方法，该方法是从社会绩效视角出发进行评价。这种评价方法主要体现社会责任会计的重要性，运用会计领域的技术和手段对企业在经营过程中为社会做出的实际贡献进行反映和控制，通过核算企业履行社会责任的成本以及对社会贡献的相关支出来评价企业社会责任贡献的程度，从而达到促进企业参与社会责任工作的目的（李贺明，2012）。这种方法基于CSR成本理论，从社会资源投入视角着手，参照的标准是“社会贡献率”指标，随后众多学者又结合自身研究对此指标进行改进和完善，最终形成了一种以社会责任会计为指导的CSR评价体系。该方法最终反映的是目标企业的社会责任贡献率指标，这要求详细考察影响最终社会责任贡献率的多种因素，同时详细划分能够代表各CSR维度贡献率的项目。此方法的优点在于各指标的统计结果便于进行行业与企业层面的对比分析，数据来源客观避免了主观因素的影响。陈玉清和马丽丽（2005）在评判CSR履行效果时从社会收益视角出发，从政府、投资者、职工以及社会公益四个方面创建社会贡献率评价指标体系。宋建波和李爱华（2010）在研究中对陈玉清的评价体系增加了一个新的评价指标，即“公司负贡献率”，通过此指标评价企业被动履行社会责任带来的负面效果。高洁和彭韶兵（2011）在之前的评价方法上又更为全面地丰富了“社会责任贡献率”指标，引入利益相关者中消费者及供应商方面的社会贡献，虽然评价更为全面，但新加评价指标的有效性还需要进一步研究印证。万寿义和刘正阳（2013）、马丽波和倪慧强（2015）等学者对企业社会贡献包含的利益相关方进行梳理，对社会责任的货币投入计量方法进行优化，使得CSR履行表现可以成为一个相对客观的量化指标。杜颖洁、冯丽丽也运用此方法评价企业的社会责任履行情况。朱文莉、邓蕾在研究女性高管是否可以促进企业社会责任履行问题时也用到此方法。

另一种运用会计学方法对社会责任履行进行评价的方法是用每股贡献值代替CSR履行情况，其设计思路与社会贡献率指标相似，都是首先对企业向利益相关者群体的当期实际投入进行统计。沈洪涛最早在研究中运用每股贡献值来衡量企业社会责任表现，随后张川和陈丽蓉等也选用每股社会贡献值作为CSR表现的替代变量。

以上CSR评价方法总结如表2-3所示。

表2-3　企业社会责任评价方法总结

测量方法	优点	缺点
声誉指数法	评价者内部一致性较高，具有主观方法的优点，能代表专家意见	主观性过强，仅能够代表某一类利益相关者的观点；适用样本容量小，方法不具有普遍性

续表

测量方法	优点	缺点
内容分析法	衡量步骤比较客观；适用于大样本检验	完全根据企业表述信息进行评价，信息的全面性很难保证
问卷调研法（感知感受法）	可用于对不同利益相关者的研究	实际被测量的是被调查者的态度和感知，并不直接测度企业行为
污染指标法	是一种对企业社会责任行为的定量反映	只测量社会责任的环境维度，无法适用于大部分企业和社会责任整体评价
专业机构评价法	涵盖社会责任的多维度测量，评价较为客观和公正	数据的获取依赖于机构的操作方式和评价基准
会计评价法	可量化统计，用量化指标反映社会责任信息较为客观	只能作为社会责任行为实施表现的替代反映，无法体现社会责任整体表现

2.3 影响CSR披露的相关研究综述

通过上述理论背景分析可知，我国企业披露CSR报告的动机有其独特性，报告数量变化与政府关于CSR问题相关政策方针的发布具有一致性（邹萍，2018）。这说明，我国企业披露社会责任信息不完全是由市场推动的企业自主行为，同时也是一种政府政策与意志的体现（黎文靖，2012）。因此，本研究从企业与政府关系视角出发，探讨影响CSR报告发布的前因，分析企业在政治策略下的社会责任行为表现。

2.3.1 政治策略下的CSR披露

西方学术界自20世纪70年代就开始对企业的政治策略与企业行为进行研究。在政治策略领域，相关学者的研究大多聚焦于政府的税收、补贴和管理等方面（Schuler和Rehbein，1997），还有政治行为的分类（Getz K. A.，

1997）以及影响企业开展政治行为的企业及行业层面分析，其代表性的研究因素有组织冗余、企业所有权结构和行业集中度等（Shaffer B.等，2000；Hillman A. J.等，2004；Ozer M.和Markóczy L.，2010）。然而，就像企业政治研究领域的知名学者Hillman所指出的，“企业政治活动领域的学术研究没有跟上企业政治活动实践的步伐”，特别是企业政治行为方面学术领域产出的实证研究远远不足。一直以来，各个国家都由政府控制着影响企业竞争环境和行业优势地位的关键性资源，而企业将其所制订的政治策略倾向于有利于自身发展的方式影响政府政策倾向的行为和努力被称为企业政治行为（Hillman A. J.，1999）。这表明企业在管理与政府间的关系方面是具有“战略性”的，目的是提高自身的地位（Hillman等，2004；Schuler等，2002），通过游说、政治捐赠等活动，企业寻求可以在运营过程中减少不确定性、降低交易成本、创造商业可能性的机会等（Bonardi，Holburn和Vanden Bergh，2006；Hillman，Zardkoohi和Bierman，1999；Lord，2000）。

西方在企业政治活动的研究中普遍支持这样一种观点，即政府在企业直接环境中的作用越大，企业参与政治战略的可能性也就越大（Baron，1995；Bonardi，Hillman和Keim，2005；Schuler和Rehbein，1997；Schuler，Rehbein和Cramer，2002）。因此，以往研究认为，当政府释放出某种信号之后，企业为了自身的目的会选择回应这种信号，以求达到与政府关系更为亲密或获取更多政府资源的目的（Marquis，2014）。这种对信号做出反应的机制普遍得到社会学研究的支持。一些深入的案例研究也反映了这些政府信号释放对中国企业披露社会责任报告的重要影响（Marquis等，2010；Marquis，Yin和Yang，2011）。例如，在中国商务部的主持下，为中国企业社会责任报告编写提供实用指导的中国CSR参考书（Yin等，2008）；中国政府制定的中国企业报告标准等。正是这些政府信号的释放，带动了企业战略性反应的进程。关于这种反应机制的战略性质，Oliver和Holzinger（2008）指出，“企业可以遵守公共政策或政府法规，以获得尽可能多的价值，包括合法性”，政治合法性被视为企业通过多种渠道，根据具体情况追求的战略差异。在此背景下，本研究发现，2006年以来，我国政府关于企业社会责任和企业社会责任报告的声明和指导方针类似Deephouse和Suchman（2008）所称的“合法性指导原则”开始出现。同时，在分析政府的合法性指导方针研究方面也出现了问题，即具有高度合法性的组织（如国有企业）是否更容易受到这些合法性准则的影响？其地位是否使它们不必参与进一步的合法性建设？合法性较低的公司（如民营企业）会不会更有可能参与合法性建设？这些问题将是本研究考察的重要方面。

2.3.2　政治合法性与CSR披露

政治合法性指企业行为对政府而言在多大程度上符合法律规定以及政府对企业的期望（Zhao，2012）。从资源依赖理论的视角来看，组织应该时刻维护好与重要利益相关者之间的关系，以降低由资源约束带来的对企业发展的不确定性（Hillman等，2009）。Li（2008）研究探讨在当代中国“新型+转型”的环境下，政府不仅充当市场监管者的角色，同时还具有配置重要市场资源的权力，因此，政府成为可以影响企业生存与可持续发展的重要利益相关者。对企业如何才能建立与维护好与政府的关系方面的研究中，学者的研究聚焦在企业如何才能参与并影响政府制定相关政策等领域。也有一些研究指出，现实市场活动中政府往往会通过释放某些信号（如各种政策规定或指导意见的颁布）来表达期望企业行为努力的方向，如期望企业在社会发生重大灾难时进行捐助活动，在满足利益最大化需求的同时更多承担社会责任等（Marquis和Qian，2013）。企业若能更多响应政府信号，就更有可能获取政府的好感和认可，从而赢得政治合法性地位（Wei等，2017）。但可惜的是，有关企业政治行为（Corporate Political Activity）领域的相关研究文献中，此方向问题的分析一直较少（Marquis和Qian，2013）。

许多学者研究认为，在许多新兴和发达经济体中，政府拥有显著的所有权，这是合法性的关键来源（Faccio和Lang，2002；La Porta，Lopez-de-Silanes和Shleifer，1999）。由于国有企业被认为“具有合法性，同时得到创建它们的政府机构的支持甚至保护”（Li和Zhang，2007），所以可能最低程度需要通过CSR报告等寻求优先地位和相关资源（Li和Zhang，2007；Ma和Parish，2006）。

也有学者（Brown，1998）提出，“合法地位是获得资源的便利、无限制进入市场和长期生存的必要条件”。缺乏这种位置优势的公司，如私人控股公司，或许更有可能将政治合法性视为战略需要（Oliver和Holzinger，2008）。通过发布企业社会责任报告，私人控股公司可以与政府机构和监管机构建立友好关系，获得国有企业更容易获得的资源。

2.3.3　政治依赖与CSR披露

在企业与政府相互关系问题的研究中，普遍认为政府处于掌握资源分配的主导地位，而企业需要获得政府资源用于企业的发展，这即构成了企业对政府形成的政治依赖关系。在资源依赖理论下的研究中，从Fisman（2001）提出政治关联概念开始，该领域的研究多聚焦于政治关联对CSR的影响（Faccio，2006；潘洪波等，2008；于洪彦等，2015）。对于政治关联，无论是Adhikari（2006）等人使用的股权结构法还是Leuz和Oberholzer（2006）等人使用的政治身份关联程度法，在度量程度上虽有合理性但关联关系中的联系依然略显单薄。换句话说，企业对政府的依赖关系下，二者之间的联系还应该被更深入地挖掘，除了政治联系外（或社会资源），还应该有其他二者间的关系被度量以用于实证研究之中。

许多研究认为，政府的政策和执法是企业不确定性的主要外部因素，并且已经被证明会对企业经营产生重大影响（Hillman，Zardkoohi和Bierman，1999；Pfeffer和Salancik，1978）。Detomasi（2008）研究认为，一个国家自身宏观的制度环境决定着企业获取由政府控制的关键资源的方式。Hillman（2005）认为企业应培育政治关系来降低运营风险和不确定性，增加获取相关重要信息、合法性和资源倾斜的机会。同时，企业的政治关系也可以成为一种关键的战略资产（Hillman，2005；Siegel，2007），从而得到"政府的优惠待遇，例如较轻的税收、竞争政府合同的优惠待遇、放松对公司的监管、对其竞争对手进行更严格的监管等"（Faccio，2006）。但是随着司法制度的不断完善与反腐行动的深入，通过贿赂官员等不合法手段建立政治关联，企业要付出较大的成本，还必须承担法律风险。所以，通过积极纳税、热心参与慈善捐款等方式践行社会责任工作，对企业而言更有利于与政府建立并维持政治联系，同时能够收获良好的企业声誉，提升公众与政府对企业的优质印象。

1. 政治关联

企业的政治关联可以说是各国经济市场发展过程中的一种普遍现象（Faccio，2006）。从国际研究来看，对印度尼西亚（Fisman，2001）、美国（Agrawal和Knoeber，2001）、马来西亚（Johnson和Mitton，2003）、德国（Niessen和Ruenzi，2007）的研究都表明政治关联因素会显著影响企业的经营决策和效益价值。更深层次上，研究者也开始关注政治关联对企业绩效的影响是正向的还是负向的，或者是某种更复杂的关系。持正向观点的研究包括Eitan Goldman等（2009）对美国企业的研究，罗党论和黄琼宇对中国民营企业的研究。李健等（2012）研究发现；无论企业家拥有中央政治关联还是拥有地方政治关联，都会显著正向影响企业的价值，但在竞争战略层面，提升企业价值的具体路径会因政治关联层级的不同存在细微的差异。与之相反，Fan等（2007）基于对政治关联公司IPO之后绩效的实证研究，提出企业高管的政治关联造成了政府对企业的侵害，导致企业绩效下滑。付海艳（2013）认为公司的财务业绩与互联网关注度促使企业提高透明度、进行更充分的信息披露，但是政治关联会造成企业信息披露的态度消极，降低透明度水平。事实上，对政治关联的这两种研究视角并不相悖，一方面，政治关联可以让企业获得政治合法性，从而使企业更有可能得到有利于企业发展的资源和政策，甚至可能获得一些商业活动领域的特权（Mellahi等，2016）；另一方面，政府也希望关联企业帮助其分担一定的责任和来自社会的压力，积极承担社会责任，从而起到对其他企业的引领作用（Zhang等，2016）。政治关联在很大程度上反映的是企业与政府之间的一种交互关系，企业若希望持续不断地从政府方面得到政治合法性地位与发展资源，就须尽量达到政府的期望以维护好自身与政府的政治关系。

政治关联方式的不同也成为学者感兴趣的研究重点。杜兴强等（2009）认为企业高管不同身份形成的政治关联关系对企业绩效来说是一把“双刃剑”。张川等（2014）将政治关联分为代表委员类型和政府官员类型，与杜兴强等人的研究一致，认为代表委员政治关联会对企业财务绩效产生正向影响，高管拥有政府官员身份的政治关联会使企业的财务绩效降低。

大量学者关注政治关联与CSR的研究，主要着眼点在某项（如社会捐赠）社会责任履行方面。Bertrand等（2004）从法国具有政治关联的企业出发进行研究，发现具有政治关联的企业相较于其他企业提供了更多的就业机会、支付了更高的劳动报酬、履行了实现就业和维护社会稳定的企业社会责任。Claessens等（2008）认为政治关联企业相较于其他企业而言，社会慈善水平更高。Jun Su和Jia He（2010）基于对2006年中国3837家民营企业的研究指出，由于政治压力，这些企业倾向于更多的社会公益性捐助，并且希望通过这些行为保护政治关联，同时获得产权保护，这对提升企业的盈利能力十分有利。陈秋萍（2015）的研究表明，政治关联显著影响了CSR水平，有政治关联的企业的社会责任表现会更好，但是企业所面临的制度环境却会负向调节政治关联对CSR的影响程度。杜勇和陈建英（2016）以中国亏损上市公司为研究对象，提出有政治关联的企业会进行更多的社会慈善工作，并且政治关联广度和深度的不同对企业慈善捐赠行为的影响也不同。尽管学术界对政治关联与企业绩效或CSR行为关系的研究已经有所涉猎，可是详细分析政治关联影响CSR披露的相关研究还很少，同时，政治关联不同层级又对社会责任披露表现产生哪些具体影响会是一个值得认真探讨的新问题。

2. 政治印记

政治印记是探讨CSR披露影响因素的研究中另一个被关注的组织特征，代表公司创始时如何形成内部机构和外部联系，从而对当时的政治制度持续做出承诺。Stinchcombe（1965）在一个经典的社会学研究陈述中认为，在特定的外部环境中建立的组织“必须用可用的社会资源建立其社会系统”，并且其社会系统（如内部结构和文化特征）保持这一创始时的印记主要是因为传统化的利益归属和意识形态倾向于对传统结构的保留（Marquis和Huang，2010）。在这项研究中，Stinchcombe专注于用“发展年限与组织结构的相关性理论”来理解为什么在相同时期内建立的组织类型都是相似的，同时强调了外部环境因素对塑造公司原始结构和持续保持结构方面的重要性。Stinchcombe指出，“在历史上特定时间创造的组织发明取决于当时可用的社会技术……因为这些组织可以有效地运用这些外部环境带来的特殊形式，并且因为这种企业形式倾向于制度化，因此组织的基本结构会保持相对稳定。”虽然Stinchcombe并没有在文章中使用“印记”这个词，但这个词很快就被学者使用并且与Stinchcombe的论文产生直接关系。Lounsbury和Ventresca（2002）在组织环境的研究中指出，“Stinchcombe已经证明了，组织是存在其所属行业中独有印记的，任何时间点的环境不仅可以确定商品的服务和需求，还可以确定其提供组织的许多特征”，从这个时期开始，关于Stinchcombe的组织印记方面的实证研究开始大量发表。

关于组织印记的相关研究更是从宏观分析转移到中观和微观实证研究上来。中观层面，研究聚焦在利用印记构建组织结构模块（工作、职业、能力和习惯）如何以及为什么可以反映其外部环境方面的问题（Baron和Newman，1990；Burton和Beckman，2007；Marquis等，2013）。微观层面，学者利用组织印记探索了早期职业经历如何对人们的职业生涯产生持久的影响（Azoulay等，2011；Tilcsik，2012）以及个人如何跨越组织行业边界同时依然携带这些组织印记。

总而言之，组织印记已经成为多层次分析组织研究领域的一个重要概念和手段，最重要的原因就是企业从创始之初，其外部环境的特殊性与当时主要利益相关者——政府所给予的独特政治环境促成了企业持续发展中独有的文化和理念。因此可能存在一种情况，老年（年限较长）公司可能比年轻公司具有更大的印记，不太可能追求与其经营思想不一致的近期趋势和管理理念。年轻公司与组织年限较长的企业由于有着完全不相同的创始环境和外部利益相关者倾向，二者的组织印记可能在某些方面有着极大的差异。

3. 财务资源

一直以来，在关注CSR前因的许多相关研究中（Surroca等，2010；Brammer 和Millington，2008；Surroca，Tribo和Waddock，2010；Wood，2010），Slack的闲置资源理论作为基础理论被广泛应用。这一领域中的一个重要研究方向是欧洲和北美地区在制度稳定和资源丰富的背景下，企业财务资源可用性与CSR活动和支出之间的关系（Atkinson和Galaskiewicz，1988；Buehler和Shetty，1976；Surroca等，2010；Waddock和Graves，1997）。这些研究用闲置资源理论解释，当财务资源的可用性增加时，企业会增强对社会责任等可自由量裁活动的参与性（Scott和Joseph，2013；Surroca等，2010；Waddock 和Graves，1997）。同时，在对财务资源与CSR关系的研究领域，越来越多的研究人员开始选择“制度差异假设（IDH）”，将制度理论应用于新兴经济体的研究环境下，探讨金融资源的可用性与社会责任参与的影响关系变化。主要研究结果表明，企业财务资源可用性与CSR支出方面存在正相关关系（Scott和Joseph，2013；Chen，Patten和Roberts，2008；Doh等，2010；Matten和Moon，2008）。Scott与Joseph（2013）通过将IDH与闲置资源理论结合对新兴经济体加纳的企业进行财务资源可用性与CSR参与研究指出，二者存在负相关关系。但更多的研究指出，拥有更多财务资源的企业更有可能在更大程度上遵循合法的做法（Hasan等，2017；Darus，2014；Park，Sine和Tolbert，2011）。至此，财务资源也成为本研究考察企业响应机制过程中的重要影响因素。

2.4　影响CSR履行实质性的相关研究综述

2.4.1　CSR履行实质性相关研究

对企业社会责任活动表现的研究已经越来越深入，社会责任表现从模型单一研究变量，细化为CSR披露表现与CSR履行表现（McDonnell和King，2013；Lyon和Montgomery，2015）。随着越来越多的企业开始将关注点从CSR履行转移到CSR披露，学者们已经开始发现CSR披露与CSR履行的不一致性并开始加以分析（Tashman等，2018；Doh，Husted和Yang，2016；Bowen，2014；Haack等，2012；Delmas和Burbano，2011）。研究结果发现，许多企业社会责任报告经常歪曲或夸大企业的实际社会责任表现，这代表着企业社会责任的“脱钩”（Delmas和Burbano，2011）。该方面的研究主要集中于CSR解耦（Decoupling）与绿色洗涤（Greenwashing）两方面，并大多从制度视角，通过资源依赖和组织成本等理论进行解释。

对CSR解耦问题，研究更加侧重于探讨CSR披露与CSR履行之间的不一致性。Bowen（2014），Delmas和Burbano（2011）通过对大公司CSR的外部沟通和象征性印象管理活动研究指出，大型企业的外部社会责任披露会好于自身社会责任的实际执行，更加丰富的媒体资源，众多下属部门、子公司和子品牌的宣传窗口，更高的媒体关注度都有利于大公司宣传自身CSR。相比于CSR履行，性价比更高的CSR披露能够给公司带来更多的收益。Loughran等（2009）研究发现，在CSR报告中多使用“道德”和“社会责任”等术语的跨国公司更容易成为行业中的污染者并试图误导公众和监管机构。研究指出，许多公司在环境灾难发生后，将CSR和可持续发展报告作为一种控制损害的方法。埃克森美孚公司和英国石油公司都在石油泄漏事件后，用CSR报告缓解公众的强烈抗议。Bhatia（2012）在研究中发现，CSR报告经常被企业作为一种自我辩护。这些都说明CSR报告作为一种披露手段，已经与实际的社会责任执行出现了严重的偏差。Tschopp等人（2012）也指出，披露与履行不一致的社会责任活动很有可能对跨国公司的声誉造成破坏性的影响，会导致消费者产生企业很虚伪的看法。Sarfaty（2013）的研究提示，许多非政府组织（NGO）并不信任CSR和可持续发展报告，理由是很多报告并没有经过第三方验证，报告内容中的社会责任工作流程并不一定真实且实际绩效并不令人信服。Marqusi和Qian在分析中国上市公司企业社会责任报告的过程中，首先通过政治依赖解释影响CSR报告的发布因素，随后在对披露与履行不一致现象的分析中只应用政治身份作为主要变量，但这一过程的研究过于简单，很难将问题解释清楚。Wickert等（2016）从组织成本角度解释了造成CSR表现发生解耦现象的原因，认为规模较大的企业通常将重心放在比CSR履行更容易获得财务报酬的相对廉价的CSR披露上。对较小规模的企业而言，通过遵循正式的指导方针或标准对CSR进行披露或与公众沟通的成本相对较高，只能选择履行社会责任工作却无法获得相匹配的披露收益的方式。Doh，Saka-Helmhout和Makhija（2017）在引入制度理论解释跨国企业CSR披露与CSR履行不一致现象时，认为跨国企业存在本国与扩张国的制度差异，本国内部的制度性空白纵容了其在海外扩张时的“宣传”，因此，它们可以披露强大的社会责任报告，而无须紧迫地开展相应的社会责任履行工作，这会造成许多规模较大的跨国企业在社会责任表现上的“脱钩”现象。

企业社会责任的Greenwashing（绿色洗涤）更加侧重于CSR披露的交际特征（用于误导和混淆利益相关者的技术）。Terra Choice（2010）在研究中分析了半真半假和谎言覆盖的CSR披露中的各种“罪恶”。半真半假指当只有一种或一些社会责任行为是真正绿色的，其他披露的绿色行为并没有实际上显著的改善。Mason（2012）研究了企业环境报告的说服性，特别强调了报告的宏观结构和微观结构特征。Parguel，Beno ît-Moreau和Russell（2015）通过分析绿色洗涤的样本企业，提出要想将绿色洗涤变为可执行的真实的社会责任履行，需要对社会责任策略加以关注。Harris（2015）发现企业选用绿色洗涤，其中一个原因是，利用积极和漂亮的沟通可以分散公众对CSR消极方面的注意力。Montgomery（2015）的研究概括了企业通常使用误导性信息披露的所有可能，指出其中的每一条都可能存在有意识的误导性信息从而误导公众和利益相关方。其他一些实证研究让问题更加客观化。Du（2015）分析了中国的股票市场及企业，指出绿色洗涤与公司的累积异常收益（Cumulative Abnormal Returns，CAR）呈负相关关系，企业环境绩效与CAR存在显著的正相关关系。Walker和Wan（2012）研究了加拿大高污染行业企业CSR披露方面的绿色洗涤和真实履行社会责任对企业财务绩效的影响，发现绿色洗涤与财务绩效呈负相关关系，实质性的社会责任履行对财务绩效既没有正面的影响也没有负面的影响。Wu和Shen（2013）通过对22个国家的银行业企业进行的一项研究发现CSR与财务业绩之间存在正相关关系，但实行了绿色洗涤政策的银行企业则没有此种影响关系。上述这些宏观层面的研究表明，绿色洗涤可能并不会直接为企业带来财务绩效，可能产生影响的是企业良好的财务状况或企业领导力，但很多企业却依然执行这种“绿化”后的CSR披露政策。这种对企业并无直接益处的策略很大程度上会损害公众和其他相关方的利益。

在微观层面上，研究人员试图使用具体变量替代的手段证实CSR的绿色洗涤披露对企业的影响。Kostka和Ivory（2012）的研究指出，消费者很容易受到没有实质行为的虚假披露的影响，他们发现，不论产品质量如何，虚假或夸张的社会责任披露可能会影响消费者的购买意愿。Parguel等人（2015）对广告效应影响消费者感知的研究证实，绿色洗涤策略能够对消费者的品牌形象认知产生积极影响。Chen，Lin和Chang（2014）在对中国台湾消费者购买信息和电子产品的实证研究中，运用结构方程模型验证了企业披露信息的“绿化”作用、产品质量和消费者满意度之间的影响关系，其研究结果指出，企业应该减少披露信息的“绿化”行为，而通过提升产品质量来提升企业声誉和消费者口碑。

从国内学者对中国CSR履行问题的研究中发现，公众印象中的一些优质大规模企业的社会责任履行工作其实并不尽如人意，很大部分的原因在于虽然这些企业都在广泛谈论以及披露自身社会责任工作，但是在现实履行过程中却经常存在披露内容实施滞后的不良现象（肖红军等，2015）。

虽然上述研究工作揭露了在社会责任表现方面存在披露与履行不一致的情况，也从多角度给予了适当分析，但研究都是通过理论分析、访谈、问卷调研以及案例研究的方法给出结论，运用大批量目标企业的实证研究手段的缺乏始终让这一现象的解释无法让人信服，因此，希望在后续研究中可以通过实证方法验证并解释企业社会责任解耦现象的真正原因及影响机理。

2.4.2 所有制结构与CSR表现

《企业社会责任蓝皮书》（2009—2013年）显示，我国国有企业的CSR指数遥遥领先于民营企业。然而在某些方面，民营企业在社会责任方面的表现却远远超过国有企业。《慈善蓝皮书：中国慈善发展报告》（2011a，2011b，2011c和2013）中，民营企业在社会责任中的社会捐款方面就远高于国有企业。这个矛盾提示研究人员应该对以下问题进行反省：首先，国有企业在CSR方面的表现真的比民营企业好吗？其次，真的是企业所有制结构造成了这种现象吗？

许多早期研究认为（Huang，2011；Zhang，2011；Song，2010），民营企业的CSR表现要比国有企业差，民营企业缺乏CSR意识和互信能力。第一，民营企业所有者和经理的个人素质方面，认为民营企业所有者的CSR意识往往相对狭窄，只将责任重点放在特定的地点和人身上（Huang，2011；Zhou和Linlong，2004）。他们大多数认为自己的企业是赚钱的工具，对企业来说CSR工作可能无关紧要，将CSR当作一种成本负担而不是义务（Zhang，2011；Song，2010；Wang，2006；Jiang和Wei，2005）。第二，民营企业的自身能力方面，许多企业在积累了大量资金之前就参与了经济全球化，面对市场的紧张转型、竞争加剧和贸易摩擦严重等问题，我国民营企业难以与国有企业、外商独资企业和国际跨国企业进行有力竞争，存在规模较小、技术水平低、管理差等问题，因此大多数民营企业承担不起更多的企业社会责任（Yu，2001；Wang，2006）。第三，社会对民营企业社会责任的期望和压力方面，社会及政府对民营企业社会责任活动的监督力度不够，而且，传统的优良品德受金钱崇拜和许多其他扭曲的价值观影响。对民营企业社会责任行为的关注较少（徐邹，2011；王伟，2006；姜伟，2005；Zhou等，2004），没有足够的压力和激励措施，民营企业会自然而然推卸CSR工作。但是，上述原因并不能充分反映民营企业的特征，CSR工作缺乏，CSR活动能力缺乏和缺乏互信这些现象，不论在何种所有制结构的企业中都是普遍存在的，大部分中小型国有企业也存在这些问题。

此外要特别强调的是，以往的实证研究没有完全将所有权影响与企业规模影响分开。李立清（2006）进行了一个正式的实证研究，其缺点是可能会将所有权的影响与规模的影响结合在CSR绩效上。研究中使用的单因素方差分析方法并没有分离上述两个因素。其结论认为国有企业在CSR表现上明显优于民营企业是可存疑的，因为规模也可能是CSR的重要来源。郑海东（2016）在研究中虽然对所有制形式进行了区分，但其评价量表主观性过强的缺点可能影响实证分析的准确性，其结果和相应结论依然有待商榷。

上述关于国有企业与民营企业CSR表现差异研究的两个主要缺点如下：一是国有企业规模通常较大，民营企业规模较小，因此，CSR表现差异似乎是由所有权引起的但实际上可能是由企业规模造成的；二是CSR的测量方法存在一定问题。这些不足都可能使研究结果产生偏差。

2.4.3 行业竞争度与CSR履行实质性

在组织成本视角下，在梳理影响CSR现实表现相关文献的过程中发现，行业属性是一个值得被深入分析与研究的重要变量。Wickert等（2016）在研究中指出，通过加入行业属性这一独特的情景变量，进而再分析不同规模企业的社会责任表象情况可能会产生重大的理论及实践成果。

以往文献关于CSR与经济绩效关联方面的研究普遍认为，企业所处的行业现实情况极可能对结果造成重要影响，因此通常将行业作为虚拟变量加入模型进行控制（McWilliams和Siegel；2000；Waddock和Graves，1997；Hillman和Keim，2001；Schnietz和Epstein，2005；李正，2006；朱雅琴和姚海鑫，2010）。但是当把行业当成虚拟变量加入模型进行控制时，会首先造成一种研究前潜在的非事实假设，即行业的差异情况值反映在模型的截距上，所有研究对象所处行业的社会责任指数前的模型系数全部相同，这就表明

CSR与企业经济价值间的关系不会因为行业变化而产生变化，可从现实情况来看，这种假定条件显然与现实市场经济情况是不相符的（龙文斌和宋献中，2014）。因此，在企业社会责任研究中，将行业变量作为虚拟控制变量处理显然已经存在了结果偏差的问题。

针对上述问题，同时也可能由于研究领域中的行业过多，一些学者选择进行研究规避，通常使用的方法是只选择一个行业进行CSR相关问题的分析。比如，Terje等（2008）只选择石油行业上市企业为研究样本，Alan（2008）只选取医药制造行业加以研究，刘莉（2013）只将食品行业列为主要研究对象，李嘉和温作民（2016）只选取47家林业行业企业为样本进行研究。尽管这些学者敏锐地捕捉到行业因素会对CSR表现产生特殊影响，但是单一行业的实证研究不足以解释清楚这个问题，理论依据也明显不够充分。继续分析行业属性对CSR表现影响的研究主要集中于两个方向：一是行业属性对CSR表现的影响，这方面的研究较为丰富（Jones，1999；Porter和Kramer，2006；Fernández-Kranz和Santal'o，2010；Loosemore和Lim，2017）；二是行业属性（行业特征）对CSR工作参与及结果（财务绩效或企业声誉）的关系研究，这方面的研究虽然较少，但仍然可以从行业类型、行业成长性与行业竞争度三个维度进行细化分析。

1. 行业类型

在行业类型的研究中，Brammer和Pavelin（2006）分析了12个不同行业企业的雇员、环境和社区发展，指出企业在社会责任表现方面与自身所处行业之间存在一种特殊的“匹配状态”。在11个行业中，社区变量与企业声誉间存在正向影响，只有资源行业与企业声誉负相关；在化学、消费品、资源以及运输行业，环境变量对企业声誉产生正向影响；员工变量只在资源行业与企业声誉间有正相关关系。Melo和Garrido-Moigado（2012）的研究也指出，CSR

参与和企业声誉在不同行业中存在不同的影响关系。Inoue和Lee（2011）在对CSR与企业短期绩效和长期价值方面的研究中指出，行业类型会对CSR与经济绩效产生影响。

2. 行业成长性

关于行业成长性方面的研究中，Russo和Fouts（1997）指出企业所处行业的成长性越高，CSR环境绩效与财务绩效（ROA）的正相关关系越显著，行业成长性变量能够对企业环境表现与经济绩效产生显著调节作用。Arag′on-Correa和Sharma（2003）引入权变理论、动态能力理论和资源基础理论，将行业成长性作为环境包容性的替代变量，阐述环境特征影响企业环境战略与企业竞争优势的关系。Surroca等（2010）的研究则发现，成长性越高的行业在人才需要、驱动创新与企业信誉度方面都与成熟行业有显著区别 。

3. 行业竞争度

对行业竞争度的众多研究显示，无论在基础理论界还是在现实实践中，企业所在行业的竞争状况始终被认为是影响企业决策的重要因素（Leibenstein等，1966）。Johnson和Useem（1966）使用描述性统计分析方法研究行业竞争度，指出行业竞争度变量正向影响企业慈善捐赠，并从内部资源约束视角对二者间正向关系进行解释分析。研究认为，行业竞争程度与资源约束程度越低的行业企业越会使用闲置资源进行慈善捐赠，因此处于垄断性行业的企业在慈善捐赠方面的表现更好。Cottrill使用方差因素检验法对行业间竞争程度与行业内竞争性以及行业特征等影响因素进行分析，指出行业特征与行业竞争度变量能够对企业社会责任表现产生显著影响，但没有进一步分析行业竞争度与社会责任表现间的具体关系。Fisman等（2006）在研究中运用创造出的慈善信号机制模型分析，指出企业可以以社会责任为差异化工具，向消费者传递对低质量产品的反感来建立与消费者群体间的信任伙伴关系，企业所处行业竞争程度越高，社会责任信号机制的价值也就越大。在随后的研究中，Zhang（2009）和徐丽萍（2011）等研究人员也指出，行业竞争程度与CSR表现（如捐赠金额和捐赠可能性）之间存在正相关关系。

也有学者在研究中给出相反结论，刘小霞和江炎骏（2011）的研究认为，产品竞争程度负向影响企业社会责任的捐赠行为，即企业竞争程度越低，企业在社会责任捐赠方面的表现越好，竞争程度越高，捐赠表现越差。张正勇（2012）的研究认为，在产品竞争程度与企业治理之间存在互补或替代效应，由此影响CSR信息披露，因此增加行业或产品竞争程度会引导企业更积极地进行CSR信息披露工作。

虽然过往研究中很多学者都注意到行业竞争程度会影响企业社会责任的现实表现，但对行业属性或行业竞争度与企业社会责任现实表现之间的关系和微观影响机理还缺乏系统深入的研究，目前学者们还没有给出可以让人信服的结论。

2.5　外部监督的中介作用

企业社会责任概念本身便是伴随着社会对企业的期望而产生的，这里的社会期望指社会大众对企业的期许和要求（佐藤孝弘，2008）。在前述CSR定义部分，虽然各个时期的学者都对CSR给出了不同的定义，但其中经常出现“应该承担”“需要满足”等表述，这就可以理解为除企业自身需要承担的经济责任外，外部社会期望企业能够承担尽可能多的其他方面的责任，这种来源于企业外部的期望在实际履行社会责任过程中也会成为企业的压力，从而促进企业社会责任工作的实施。

Strier和Sethi等代表性学者提出，企业需要承担CSR工作在很大程度上是基于企业外部某个集团群体或社会公众的期望。其观点的核心为，CSR是一种企业外部的力量以此种方式加之于企业的应尽义务。此种外部力量通常指的就是社会的期望，某些时候也表现为来自市场的压力。陶文杰等（2012）曾明确指出，这种外部治理的表现形式来自外部社会对企业的关注和公众舆论的压力，这些外部力量都能够显著提升企业的社会责任表现，甚至一些由媒体揭露的负面报道更容易引起社会公众的广泛关注。早在1995年，Gray和Vint就提出，媒体的力量既可以为企业的合法性地位提供依据，也会埋下公众质疑企业合法性地位的隐患。Deephouse（2000）认为媒体在资本市场中具有两大功能性作用，一是作为信息中介进行市场信息传递，降低资本市场的信息不对称性；二是作为积极参与方，为市场参与者提供投资决策，Deephouse的观点揭示了媒体在市场中的中介机制效用。Dyck和Zingales（2003）指出媒体监督能够起到公司治理的作用，一方面，媒体可以制造强大的舆论压力促使政府官员有效地推行公司法；另一方面，媒体的报道会影响企业的管理者、股东和投资者的声誉，弱化其谋取私利的动机，迫使其约束自身的行为。Parker（2006）指出，企业披露社会责任信息是为了回应外部对企业的关注，在其他条件都相同的情境下，企业外部媒体与舆论的声音越大，即媒体关于企业的报道越多，企业面临的生存环境就越艰苦，企业承担来自外部的压力也就越大。因此，媒体可以通过制造社会公众舆论并引导其走向，对企业履行社会责任形成压力，同时也迫使其披露相关信息。因此，学者和企业家都纷纷开始重视利益相关者对CSR行为的影响，并认识到真实有效的CSR履行能够使企业与利益相关者同时受益（Blair，1995）。

支持上述论点的有以下代表性研究。Rupley等（2012）在研究中分析了美国2000至2005年127家企业的环境责任披露数据，实证分析了在公司治理过程中媒体关注对企业环境责任信息披露的影响。分析结论指出，媒体关于企业的负面报道能够对企业环境责任信息的披露产生显著的正向影响，因此认为，媒体监督可以有效促进环境信息的披露，并且负面报道可以提升企业环境责任信息的质量。Liu和McConnel（2013）研究1990至2010年636个并购事件发现，媒体的关注程度以及报道中所使用的语气和措辞会强化价值损害型的并购对管理者声誉资本的影响，媒体在协调股东与利益相关者的一致性方面能够发挥巨大的作用。媒体的舆论特点不但可以直接对CSR表现产生影响，还能够在利益相关者影响CSR表现的过程中起到有效的调节作用（贾兴平等，2016）。孟庆斌等（2015）的研究使用随机动态优化模型，对媒体监督与股东侵占进行了实证分析，结果表明媒体监督能够对股东自身福利产生分配效应和资产减值效应，增加媒体监督能够有效减少企业内部发生股东侵害行为。其他很多学者也指出在现实履行CSR活动中，外部舆论能够显著影响企业参与社会责任的表现（徐珊等，2015），媒体的关注与舆论力量在企业参与社会责任过程中有着无可替代的地位（贾兴平，2014）。同时也是由于来自社会的期望和压力，企业在参与CSR过程中对不同利益相关者的投入偏重也会有所差异（Scherer等，2013）。因此，外界的社会压力更多时候被反映在舆论的监督和媒体的关注与信息披露层面。

与上述观点不同的是，也有部分研究指出，现在媒体数量太多，质量参差不齐，虚假报道的情况已经开始使公众对媒体的信任度下降，因此，媒体曝光有时也很难引起企业的回应。Moroney等（2013）学者对澳大利亚前500强企业的社会责任表现深入探索发现，于企业有益的正面性媒体报道同企业的环境责任信息披露水平之间并没有显著的相关关系。

国内方面，学者也对媒体关注的外部监督作用影响CSR参与进行相关研究，且国内学者的研究结论普遍倾向于外部监督能够对CSR参与产生正向影响。李培功和沈艺峰（2010）以2010年新浪财经评选出的50家“最差董事会”为研究样本，结果表明，随着媒体关注度的提升，样本内企业改正自身违规行为的概率在不断增加，从而使企业的财务绩效也随之增长。陶文杰和金占明（2012）在对A股上市公司社会责任信息披露水平的实证分析中指出，媒体关注度在CSR影响财务表现的过程中发挥了重要的中介作用，履行社会责任产生的企业知名度也向投资者传达了新的信息，消费者也对企业前景形成更高的期望，愿意以购买企业产品回馈企业的努力，最终提升了企业价值。沈洪涛和冯杰（2012）从政治合法性角度分析舆论监督对CSR信息披露表现的影响，结论认为，负面性质的媒体报道越多，企业环境责任信息的披露水平会越高，并且政府监督加强了媒体关注对企业环境责任信息披露的影响。李宏伟（2016）以2010至2014年中国A股重度污染上市公司为研究样本，讨论了媒体监督、企业环境责任信息披露与财务绩效间的影响关系，结果证实媒体关于企业环境活动的报道能够提升企业价值，并且这种影响关系仅在内部监督机制较好的企业中存在。

2.6 文献评述

近年来，全球企业社会责任趋势向好，但这种趋势衍生出新的问题，即企业CSR报告披露内容与现实履行间的不一致现象。国外学者对此问题的研究起步较早，国内学者在该领域研究上还存在较大的空白。出现CSR披露与履行表现不一致现象的企业一定是已经发布CSR报告的企业，因此本研究同时关注了影响企业发布CSR报告的影响因素研究，将研究视角聚焦在以往研究经常忽略的CSR前因领域研究方面，希望将影响企业发布CSR报告的原因和随后影响已发布报告企业的CSR履行实质性的原因解释清楚。通过对上述问题以往研究文献的梳理，发现目前研究仍然存在许多局限性。

通过梳理政治策略影响企业CSR报告发布的相关研究，发现在政治策略下的西方研究普遍聚焦于企业如何参与并影响政府制定相关政策，更多关注的是企业对政府的政治行为研究，但以信号机制出发，以资源依赖视角分析企业运用CSR报告响应政府政策信号的相关研究很少。在有限的相关研究中，学者也只关注政治关系这一单一变量的影响，分析具有政府身份的高管所属企业在发布CSR报告时的特点，鲜有对企业高管的政府身份进行进一步区分。本研究将中央委员身份与地方委员身份进行区别统计与分析可以更全面地说明政治关系对CSR报告发布的影响作用。

政治印记也是以往研究中一直被忽略的一个重要变量。以往研究将更多注意力放在当前企业环境与企业特征方面，但对企业创始时面临的市场环境及遗留下来的政治习惯这些重要影响因素没有进行更多的分析。企业创始时的外部环境所培养形成的，适用于企业自身的独特政治策略，这种带有时间属性的政治印记，在企业发展的过程中不容易被改变。同时，由于民营企业相对国有企业在长时间序列下管理层更稳定，因此民营企业的政治印记会更加牢固，这对分析影响企业CSR报告发布的前因来说是一个新的研究路径。

同时，在CSR披露与CSR履行不一致现象上，即CSR履行实质性研究方面，西方研究主要集中在Decoupling（解耦）与Greenwashing（绿色洗涤）领域。绿色洗涤侧重于企业对外披露的交际特征，即CSR报告的象征性管理方面，通常在环境问题上应用更多。解耦更加侧重披露与履行之间的不一致性。相关研究的一个主要问题是研究多以理论分析和访谈研究为主，基于CSR方法的实证研究还相对较少。此外，在分析CSR披露与履行不一致问题时，以往研究都从企业外部角度入手，而从企业内部视角，运用组织成本理论分析CSR披露与CSR履行差异现象成因的研究还很少见，运用实证研究对此问题加以论证则更为少见。因此，基于组织成本视角探讨影响CSR履行实质性的内在机制是具有重要理论意义的。

在分析CSR履行实质性影响因素过程中，本研究关注了所有制结构和企业规模两项在以往研究中并没有得到足够重视的变量。以往研究通常将二者代入控制变量参与分析，仅认为它们对CSR有影响，但并未注重影响过程的变化。对所有制结构，以往多数学者认为国有企业CSR表现更好的论断近年来受到质疑。因此，本研究会在分析中聚焦所有制结构是否真正影响CSR，造成国有企业CSR表现更好的印象的真实原因是什么，以实证手段解释企业所有制结构和企业规模与CSR履行实质性间的相关影响关系。

正是基于对以往研究文献的回顾与梳理，本研究从政治依赖与组织成本视角，探讨了企业CSR报告发布和已发布报告企业的CSR履行实质性的影响因素和影响机理，并通过应用制造业上市企业的大容量观测样本和合适的中介变量，对上述两阶段问题进行系统分析与实证检验。从政府释放合规信号到企业发布CSR报告进行响应，再到对已发布CSR报告企业在披露与履行不一致现象上的分析，形成一个针对当前CSR领域主要问题的全研究链分析，构建了一个逻辑严密、理论合理并且可适用于实践指导的CSR现实表现模型。CSR履行实质性问题是一个新的研究方向，是基于当前CSR不断发展而在市场活动中衍生出的全新的CSR现象，对影响CSR报告发布与影响CSR履行实质性问题的研究，一方面可以完善CSR前因领域的理论研究，指导企业在CSR活动中的实践行为，填补国内在CSR履行实质性问题上的研究空白；另一方面，运用组织成本理论探讨CSR履行实质性的成因，可以为研究影响CSR披露与CSR履行不一致的内在作用机制提供一个新的理论研究视角。

第3章

CSR披露影响研究的理论分析与研究假设

3.1　CSR披露影响分析的理论基础与研究模型

3.1.1　资源依赖理论

在组织管理理论发展历程中，学术界经历了由封闭到开放的前进轨迹。早期的组织研究被称作“封闭系统研究模式”（吴小节等，2015），学者们坚持认为组织是一个与外部隔绝的独立系统，研究也主要以组织内部规则和内部员工激励机制为主要兴趣点，基本不会涉及组织外部因素对组织运营的影响探究。典型的研究包括Fayol的组织运行分析、Chester Barnard的高管职能研究，以及以Maslow、Herzberg和Adams等学者为代表的激励理论等。直至20世纪70年代，随着社会政治、经济、文化、技术和环境多样性的发展，以及外部不确定性的变化，针对组织管理的相关研究迈入“开放式系统研究模式”。这一时期起的研究观点认为，组织需要与外部社会相互作用才能发展，并且着重探索了外部环境对企业发展的影响和彼此相互作用的关系，随后逐渐衍生出了权变理论派系、种族生态学、制度理论以及资源依赖理论等相关研究方向。

1978年，Pfeffer与Salancik在《组织的外部控制》一书中针对资源依赖理论的研究引起了社会各界的极大关注。资源依赖理论要求组织要主动适应外部环境，利用自身的组织优势主动引导并控制外部环境，而不应成为外部环境的被动影响者。资源依赖理论最重要的价值是蕴含了四个方面的基本假设：其一，没有可以完全独立生存的组织，其内部所需资源无法全部自给自足，组织为了自身生存与发展必须要获得外部组织的资源帮助；其二，组织对外部资源的需求导致组织对外部环境的依赖，所需资源的稀缺程度决定组织对外部环境的依赖程度；其三，组织需要不断与外部资源掌控者进行交互以便促进自身发展，由于外部稀缺资源的不确定性以及自身对外部资源的依赖性，组织需要不断改变内部结构与行为方式，以便对外部资源达到最小依赖程度，使自身可持续发展；其四，组织可以运用多种形式解决对外部资源的依赖，比如与外部组织达成互助联盟，创建组织间依赖关系，或者通过使用非市场战略手段控制和改变组织外部环境等（Hillman A.等，2009；Davis等，2010）。

资源依赖理论的研究指出，组织发展需要重视与重要利益相关者间的伙伴关系（Hillman等，2009）。在我国，政府作为市场重要的监管者与资源配置方，是能够促进和改善企业发展的重要利益相关者（Li等，2008）。研究发现，企业想要获取满足自身发展的外部资源，可以通过政治游说、积极参与政府项目，以及与政府官员建立密切的私人关系等方式建立并维护好与政府之间牢固的伙伴关系（Hillman等，2004；王军等，2016；Mellahi等，2016）。同时，政府在指导企业行为的过程中，也会使用信号手段，通过释放合规性信号，比如倡议企业在灾难多发时做出慈善行为，在创造经济效益的同时积极践行CSR工作等（Marquis和Qian，2014）。

3.1.2　企业政治行为

从资源依赖理论的视角来看，组织应该时刻维护好与重要利益相关者之间的关系，以降低资源约束带来的企业发展的不确定性（Hillman等，2009）。为了获得政府和相关外部环境的重要资源，企业会通过一些行为谋求对这些重要资源的依赖关系，企业通过这些行为影响政府政策导向以满足自身发展需要，企业的这些行为通常称为企业政治行为（Corporate Political Action）。企业政治行为的内容包括影响公共政策制定的过程、游说政府官员、企业高层参与国家最高议事机构、向政府递交行业报告、进行社会慈善捐赠等（Hillman，2004）。因此，企业越是拥有长远发展的导向，就会越重视对政府的资源依赖，为了获得政府资源以供企业持续发展，企业就会更加重视政治行为，以维护好与政府的相互关系。

在企业寻求政府资源的过程中，企业的政治行为通常涵盖许多方面，被研究最为广泛的是企业高层与政府和国家议事机构的关联方面，这种政治行为可以有效和方便地使企业与政府建立直接联系，在获悉政府政策、响应政府导向、表达企业对政府资源需求等方面十分有效。此外，企业的政治行为还会受到创始环境的影响，企业成立时与外部市场和政府建立联系的过程中会形成一种只属于自身的独特的行为印记。这种印记是在企业初创时摸索自身发展道路以及与政府打交道寻求资源扶持的过程中不断形成和加固的，并且，这种印记在企业后续的发展和与政府联系的过程中会始终深刻影响企业行为，形成一种企业对外部的行为习惯，从而成为企业在响应政府信号和获取外部资源时的一个重要影响因素。另一个被发掘的因素是企业的财务资源，企业无论在实施何种政治行为时，都需要有充足的可用资金作为政治行为的实施保障，包括响应政府政策参与企业社会责任工作这种政治行为在内，闲置财务资源作为实施的基础条件，将成为影响企业政治行为不可或缺的另一项关键因素。

根据资源依赖理论，企业为寻求政府资源将通过一系列政治行为建立与政府的联系。政治关联，即企业高层参与国家议事机构影响政府政策制定是一种有效的政治行为手段；政治印记作为贯穿企业与政府间交往的方式习惯，是影响企业与政府间政治行为的重要因素；财务资源在支撑企业与政府间行为联系过程中，是对企业政治行为的基础保障。上述行为手段、影响因素、基础保障三个影响政治行为的方面都是基于企业对政府的资源依赖，因此，本研究将把政治关联、政治印记与财务资源统一放在企业对政府政治依赖的视角下进行分析。

3.1.3　政治依赖对CSR披露的影响关系模型

1. 政治关联

政治关联（Political Connection）指企业通过某种方式与政府建立良好的关系，通常采取企业高层参加国家最高议事机构的方式，政治关联现象在全球许多国家普遍存在，尤其是在产权保护力度较弱的国家和地区（Faccio，2006）。在我国，面对外部复杂多变的竞争环境，企业往往愿意选择投入一定的企业资源处理政企关系（张川等，2014），把企业的政治策略放在影响公司发展的重要位置上。

资源依赖理论将政府视为企业的一种外部关键资源（Pfeffer和Salancik，1978），因此，企业对与政府建立联系具有强大动机。通过建立关联，企业高层有路径和机会影响国家政策和法律法规，使自身可以充分利用组织与外部环境的关系，从而达到控制环境，让自身处于市场竞争中更为有利地位的目的（Friedberg，2008）。一方面，建立政治关联的企业可以更为方便地对政府信号进行响应，通过响应政府信号提升企业在市场竞争环境中的合法性地位，从而为企业争取更多的市场资源。另一方面，面对各种重大责任事件频频发生的局面，具有政治关联的企业出于缓解外部环境即利益相关者压力的考虑，会自愿帮助政府“排忧解难”，也会积极主动带头参与社会责任工作。

2. 政治印记

近年来，越来越多的组织学研究者使用政治印记来弥补新制度主义在历史化方面的问题（Stinchcombe，1965；Marquis和Tilcsik，2013），认为组织（包括企业）在参与市场活动的过程中，不仅受到当下外部制度环境的影响，同时还会受到其创始时期资源、技术和外部制度环境的影响，即企业在成立时期的外部制度环境影响并不会随着时间主动消退，而会在一定程度上长久地影响企业在市场中的运营活动。在创始时期，为了适应环境，保持发展，每一家企业都会制订适应当时外部制度环境和自身发展需求的企业策略，在获取外部资源发展自身的过程中，这种企业策略逐渐成为一种固有印记而不会随时间轻易改变。

同时，也由于在企业发展过程中已经成型的适用于自身的发展模式和盈利结构，带有固有印记的企业未必会像新创企业一样，为了寻求政府资源支持而轻易改变固有组织行为；而新创企业由于成立时间较短，发展模式不固定、不成熟，面对激烈的市场竞争，对政府资源的需求程度较大，加之当下组织环境变化的影响，在处理企业参与社会责任工作的方式上，会与带有固定印记的企业有所区别。

3. 财务资源

Brammer和Millington（2008）与Surroca（2010）等研究人员的观点认为，闲置资源理论会对企业的CSR支出产生重要影响。Scott和Joseph（2013）也认为拥有更多财务资源的企业更有能力从事政治活动。从动机上看，企业响应政府信号，发布企业社会责任报告是出于对政府资源的需求，但是从参与政治行为的实施条件来看，企业可用的闲置财务资源是保障企业参与社会责任活动的必要条件。同时，当企业拥有充足的财务资源时，也会增加企业对CSR等可自由裁量活动的主动参与性（Scott和Joseph，2013）。因此，可支配财务资源越充足的企业，参与CSR活动的基础条件越充足，参与可能性也会越大。

基于上述分析，根据资源依赖理论，本研究将政治关联、政治印记与财务资源三方面因素整合进政治依赖视角，分析企业在响应政府信号过程中，三种影响因素对企业是否发布CSR报告的影响。同时，本研究考虑不同所有制企业在不同政治依赖条件下的差异化表现，在具体分析过程中，引入企业性质对不同情况进行更为详细的区分，探讨影响机理。图3-1是政治依赖与企业是否发布CSR报告的关系模型图。

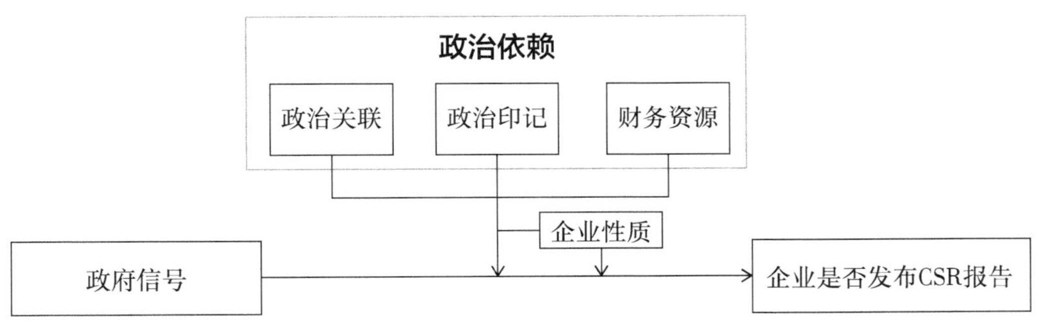

图3-1　政治依赖与企业响应关系模型

3.2　CSR披露影响因素分析的研究假设

政府的政策和执法是企业不确定性的主要外部因素，并且已经被证明会对企业经营产生重大影响（Hillman，Zardkoohi和Bierman，1999；Pfeffer和Salancik，1978）。企业培育政治关系来降低运营风险和不确定性，增加获取相关重要信息、合法性和资源倾斜的可能。因此，企业的政治关系可以成为一种关键的战略资产（Hillman，2005；Siegel，2007），从而得到“政府的优惠待遇，例如较轻的税收，竞争政府合同的优惠待遇，放松对公司的监管，对其竞争对手进行更严格的监管或其他形式”（Faccio，2006）。学者Luo等（2017）对中国经济市场的研究指出，由于中国处于经济发展与持续转型的新时期，各方面制度的不健全与相关法规的不完善会更加突出政府在市场竞争中对企业的重要作用。因此，企业作为资源依赖方能在多大程度上获得政府的认可（合法性地位）与资源扶持成为影响企业持续发展的关键因素。

为了获取政府掌控的影响企业发展的关键性资源，当企业意识到政府发出合规信号，如针对企业的社会责任指引时，企业会积极回应此信号以便获取政府的好感与认可，获得在市场竞争中更具优势的合法性地位以争取政府资源的扶持（Marquis和Qian，2014）。这种响应政府信号的行为通常指的就是企业发布社会责任报告（Bromley和Powell，2012）。然而，对政府释放的合法性信号，市场竞争中的企业并不会全部响应，只有需要政府资源的企业才会更加积极遵循政府信号的引导。因此，本研究认为，对政府资源需求度较高，存在政治依赖的企业更有可能响应政府合法性信号，会更加积极地发布CSR报告。

3.2.1 政治关联对CSR披露的影响

在政治依赖关系中，政治关联是一种企业与政府间形成的非正式、特殊的政企关系，通常表现为企业高层管理人员（董事长、CEO、董事）拥有在政府部门任职的经历。

一方面，按照政府的政策和条例采取行动，如发布CSR报告，更有利于企业及其管理人员在政府保持其合法性地位；另一方面，与政府密切的政治关联表示企业及其高管得到了政府的支持与认可，这更有可能为企业带来发展所需的关键性资源（Mellahi等，2016）。同样，拥有政治关联也代表政府对企业的高度期待，希望企业可以满足政府的需求与期待，为政府分担更多的社会责任（Zhang等，2016）。

没有政府关联的企业，一方面对政府需求的解读和感受可能并不十分清楚，另一方面也由于来自政府的监管与压力较轻，因此对政府合法性信号的响应与选择发布CSR报告的企业相比不够积极。对于发布CSR报告的私人控股公司而言，政治关联显得更为重要，而且选择以发布CSR报告作为回应政府信号的方法也是民营企业对政府政策和举措给予响应的少数几种方法之一。基于上述分析，本研究提出如下假设。

H1a：相比没有政治关联的企业，拥有政治关联的企业发布CSR报告的可能性更大。

H1b：与国有企业相比，民营企业的政治关联能更大程度提高企业CSR报告发布的概率。

从上述分析可知，企业对于维护好与政府的关系具有强烈需求，并会采取积极响应政府合法性信号的方式努力提升企业的政治合法性，进而履行社会责任行为。然而，在对该问题的深入研究中有学者指出，在不同政府层级上，对企业经济行为与社会责任行为的期许并非完全一致。Luo等（2017）学者指出，在企业参与CSR工作与企业发展经济绩效方面，不同层级政府对企业的要求存在相互对立的情况。

企业与中央政府保持政治关联，能够更容易为企业获取关键性的发展资源与某些方面的商业特权。因追求自身发展而对政府稀缺资源产生需求，会使企业有强烈的原动力满足中央政府的社会责任期望（Mellahi等，2016）。另一种情况则相反，在拥有地方政治关联的情况下，地方政府通常不会完全贯彻中央提倡的经济发展与解决社会问题兼顾的指导思路，而是以地方企业高速经济增长为首要目标，以至于在社会责任监管方面对企业的要求可能稍微放宽。

H1c：相比地方政治关联企业，拥有中央政治关联的企业发布CSR报告的可能性更大。

3.2.2 政治印记对CSR披露的影响

另一个关键的组织特征是企业在创始时如何创造内部机构和外部联系方式，从而对当时的政治制度持续做出承诺。根据Sinchcombe提出的组织形式与外部环境相似性理论，组织印记作为企业创始时期的独有特征会随着时间的延续产生稳定的持续影响。Carroll和Hannan（2004）认为环境会对组织产生映射，同时提出这种映射会在企业创始时期产生重大影响。后续的理论研究也支持了这个观点，认为利益相关者关系是依赖于路径的（Barnett，2007），并且表明政府对公司创立时的影响使得公司在后续行动上反映了初创时期的国家政策（Marquis和Tilcsik，2013）。

老年（年限较长）企业通常不太可能追求与其经营思想不一致的近期趋势和管理理念，老一辈企业拥有完善的结构和既得利益，也同样不太可能选择对新的治理做法（如任命外部董事等）方式做出反应。而年轻企业因为需要有更强的激励机制来确立其合法性地位，所以更加容易引入新的治理实践（Peng，2004）。

虽然相较于年轻企业而言，老年企业由于政治印记和固有发展理念传承等因素不太追求新的发展模式，但是，老年企业中的国有企业，会出现不定期由国家指派高层领导的情况，或是企业高层领导同时拥有政府官员身份，这在一定程度上加强了企业对寻求合法性和政治依赖的需求。反之，民营企业在创立和发展过程中已经拥有自己独特的寻求政治合法性的方式，又没有与政府的直接联系，承受政府方面对履行政策方针希望的压力更小，因此与国有企业相比，在采用新的做法方面会更加困难。基于上述分析，本研究提出如下假设。

H2a：成立年限较长的企业发布CSR报告的可能性更小。

H2b：与国有企业相比，民营企业的政治印记能更大程度降低企业CSR报告发布的概率。

3.2.3　财务资源对CSR披露的影响

在对影响CSR的前因问题的研究中，Slack的闲置资源理论一直是备受关注的主要基础理论，且学者多将注意力集中在财务资源的可用性对CSR支出的影响方面（McGuire，Sundgren和Schneeweis，1988；Ullmann，1985）。随后的研究人员证明了闲置资源理论对CSR支出的重要性（Amato和Amato，2007；Brammer和Millington，2008；Surroca等，2010）。同时更多研究表明，拥有更多财务资源的企业更有能力从事政治活动（Scott和Joseph，2013；Hillman，Keim和Schuler，2004），且很大一部分是类似慈善事业等社会活动（Seifert，Morris和Bartkus，2004；Waddock和Graves，1997；Wang，Choi和Li，2008）。

研究还发现，如果组织拥有更多的财务资源，就更有可能在更大程度上遵循合法的做法（Park，Sine和Tolbert，2011）。当财务资源丰富时（如利润高的时候），企业更有可能认为CSR是其能够负担的自由支出，因此会更多参与CSR工作（Adams和Hardwick，1998；Carroll，1991；Preston和O'Bannon，1997；Seifert等，2004）。当财务资源匮乏时，CSR参与的初始线会很低，企业参与CSR工作的倾向会随着财务资源的可用性增强上升。这代表着，如果企业选择参与CSR工作和发布CSR报告是为了获得更牢固的政府合法性地位，那么表现较好的企业和资源较为充足的企业将更有可能调动资源进行CSR报告发布。

值得注意的是，与通常能够受益于政府支持和资源扶持的国有企业相比，民营企业的行为会因其财务状况的变化而表现得更加敏感。当财务资源充足时，出于上述寻求更为牢固的政府合法性地位的目的，民营企业会选择更加积极地投入CSR活动中。此外，更多的财务资源也可能导致企业更加透明化，从而给企业带来更高的外部压力，更多外部关注和公众给予的期望和压力迫使企业积极参与更多的CSR相关活动。基于上述分析，本研究提出如下假设。

H3a：拥有更多财务资源的企业发布CSR报告的可能性更大。

H3b：与国有企业相比，民营企业的财务资源能更大程度提高企业CSR报告发布的概率。

3.3 本章小结

本章在回顾相关基础理论的同时，应用相关理论对研究问题进行逐步分析，构建研究模型。首先，从政府信号机制出发，将资源依赖理论引入影响企业发布CSR报告的相关性研究框架之中，通过对企业政治行为的详细解读，找出影响企业是否发布CSR报告的关键要素，并将这些重要影响因素引入政治依赖视角下；其次，研究基于资源依赖理论下的政治依赖视角，从政治关联、政治印记、财务资源三个关键要素出发分析其对CSR报告发布的影响，创建了CSR信号响应机制模型；最后，根据理论基础与研究模型，深入区分政治关联中的不同层级情况，同时引入企业性质分析国有企业与民营企业在不同情况下对CSR报告发布的细化影响作用机制，针对相关研究问题提出相应假设。

第4章
CSR披露影响研究的实证检验

本章为对CSR披露影响研究的实证检验部分，主要包含实证研究设计与实证检验两方面的内容。具体而言，本章首先根据前文的研究假设对所提出的相关变量进行定义与设计，随后说明每一个变量的选取依据与数据来源，同时也会详细介绍样本企业的基本特征，介绍数据的收集工作，通过构建实证研究模型，最后完成实证检验工作。

4.1 样本选择

本研究选用的样本为中国制造业上市公司，原因如下。首先，是为了消除行业差别，避免不同行业企业的企业特征行为表现出的较大的差异，限制于制造业范围有助于在一定异质性的前提下，提高研究对象的聚焦性和针对性。其次，制造业处于国民经济的支柱地位，在每年发布的CSR报告数量中占比最大。本研究将从资源依赖理论分析影响CSR报告发布的前因及机制，因此选择与传统企业特征相符的制造业企业为研究对象，所得结论最具代表性。

根据中国证券监督管理委员会2001年的上市公司行业分类标准，选取C开头的二字行业代码作为企业的行业类型，四字行业代码为精确计算后行业竞争度结果的代表区域。企业的基本信息、政治关联，以及其他统计结果均从权威数据库国泰安（CSMAR）和Wind数据库导出，CSR披露数据根据上市公司年报、环境报告、可持续发展报告及专门发布的社会责任报告手工整理，并对不同类型来源的数据进行合并比较，运用R语言寻找离散点，剔除ST和*ST类公司、剔除相关财务数据反映不全面或不连续的公司、剔除运用离散点分析删除的公司，最终得到研究观测样本955家制造业上市企业进行实证研究分析。如表4-1所示。

表4-1　制造业行业分类代码表——以C0（食品、饮料）行业为例

C 制造业	二字行业代码	四字行业代码
C0 食品、饮料	C01 食品加工业	C0101 粮食及饲料加工业
		C0111 植物油加工业
		C0115 制糖业
		C0120 屠宰及肉类蛋类加工业
		C0125 水产品加工业
		C0130 盐加工业
		C0199 其他加工业
	C03 食品制造业	C0301 糕点、糖果制造业
		C0310 乳制品制造业
		C0320 罐头食品制造业
		C0330 发酵制造业
		C0340 调味品制造业
		C0399 其他食品制造业
	C05 饮料制造业	C0501 酒精及饮料酒制造业
		C0510 软饮料制造业
		C0520 制茶业
		C0599 其他饮料制造业

4.2　变量设计与数据来源

1. 因变量

本阶段实证研究的主要焦点是企业是否发布社会责任报告，因此，如果观测样本企业在给定年份发布企业社会责任报告，则CSR报告为等于1的虚拟变量，否则为0。

2. 自变量

（1）企业性质：在本研究中，如果企业由分散的私人股东拥有，则私人控制作为一个值为1的虚拟变量，如果企业最终所有者为政府，则该值为0（Wang等，2008）。

（2）政治关联：如果企业的董事长或首席执行官是人大代表或政协专员，那么作为虚拟变量赋值为1，否则为0。具体假设中，针对全部拥有政治关联的企业，企业的董事长或首席执行官是全国人大代表或政协委员的企业，虚拟变量赋值为1，董事长或首席执行官为地方人民代表或政治委员，该值为0。

（3）政治印记：该变量设计为企业年龄，即公司成立年数（Marquis和Qian，2014）。

（4）财务资源：本研究中财务资源由资产收益率（ROA）表示。ROA被视为在中国使用的最佳绩效指标（Peng和Luo，2000），由净利润与资产总额计算得出，是一种基于会计的通用财务可用资源衡量指标。Seifert，Morris和Bartkus（2004）在研究中认为ROA更好地捕捉了企业可用资源这个概念。

3. 控制变量

本研究中控制了可能影响决定发布企业社会责任报告的其他变量。

（1）每股收益（EPS）：即目标企业的每股收益，又称作每股税后利润、每股盈余。EPS可反映企业的盈利能力，是预测企业成长潜力的重要财务指标。每股收益越高，代表企业财务状况越良好，可用于企业社会责任工作的条件越成熟（韩洁等，2015）。因此本研究将每股收益作为控制变量参与实证分析，数据来源于CSMAR数据库。

（2）总资产净利率（PRA）：即目标企业的净利润与平均资产总额的百分比，反映企业运用全部资产所获得利润的水平。数据来源于CSMAR数据。

（3）境外股东持股（QFII）：即符合规定的境外投资者持有公司股份比例的总和。拥有境外持股意味着企业来源于利益相关者的监督不仅在国内，企业践行社会责任等活动的过程中也需要严格考虑境外股东的关注，这种情况有益于企业监管层更加自律，更加真实严格地践行社会责任行为。因此本研究引入境外股东持股作为控制变量参与实证分析。数据来源为Wind数据库。

（4）境外上市（IPO2）：中国企业变得更加全球化的情况下，可能会面临有关CSR报告和透明度的额外压力（KPMG，2008），最为直接的反映就是企业是否在境外上市，从而受到境外机构的直接监管和利益相关者的社会监督。因此本研究引入境外上市作为控制变量参与实证分析。实际操作为，判断企业是否在境外股票交易所上市，如果同时在两个及以上的交易所上市，则IPO2赋值为1，否则为0。数据来源为Wind数据库。

（5）上市地点（Exchange）：样本企业在我国境内上市的交易机构地点，在上海证券交易所上市赋值为1，在深圳证券交易所上市赋值为0。数据来源为Wind数据库。

（6）销售收入（Z_SR）：即企业通过产品销售或提供劳务所获得的货币收入，以及形成的应收销货款，数据做标准化处理。数据来源为Wind数据库。

具体如表4-2所示。

表4-2　研究变量定义与测量

变量名称	简称	定义与解释	测量方法	数据来源
因变量				
CSR报告发布	CSR_Issue	决定企业是否发布CSR报告	虚拟变量，发布报告为1，未发布报告为0	巨潮资讯网 企业官网

续表

变量名称	简称	定义与解释	测量方法	数据来源
自变量				
企业性质	Nation	鉴别企业的所有权与控制权	虚拟变量，国有企业为1，民营企业为0	CSMAR数据库
政治关联	PC	企业董事长或CEO为人大代表或政协委员	企业董事长或CEO为人大代表或政协委员为1，否则为0	企业官网与CSMAR数据库手动录入
中央政治关联	CentralPC	企业董事长或CEO为全国人大代表或全国政协委员	如正文所述	企业官网与CSMAR数据库手动录入
地方政治关联	LocalPC	企业董事长或CEO为地方人大代表或政协委员	如正文所述	企业官网与CSMAR数据库手动录入
政治印记	Stamp	企业创始至今的存在年限	如正文所述	Wind数据库
财务资源	ROA	企业可支配资源	ROA=净利润/资产总额	Wind数据库
控制变量				
每股收益	EPS	EPS越高，代表企业财务状况越好，可用于企业社会责任工作的条件越成熟（韩洁等，2015）	EPS=期末净利润/期末总股本	CSMAR数据库
总资产净利率	PRA	反映企业运用全部资产获得利润的水平	PRA=净利润/平均资产总额	CSMAR数据库
境外股东持股	QFII	即合格境外机构投资者的持股比例之和	境外总股本/企业总股本	Wind数据库
上市地点	Exchange	目标企业在境内上市的交易机构地点	上交所上市为1，深交所上市为0	Wind数据库

续表

变量名称	简称	定义与解释	测量方法	数据来源
境外上市	IPO2	目标企业是否在境外交易所上市	目标企业如果只在境内交易所上市，IPO2为0，同时还在境外交易所上市，IPO2为1	Wind数据库
销售收入	Z_SR	企业通过产品销售或提供劳务获得的货币收入，以及形成的应收销货款	企业销售收入，做标准化处理	Wind数据库

4.3　模型设计

为检验决定企业社会责任报告发布的影响机理，本研究设计了一系列模型，线性回归检验中，分别对只包含控制变量的模型、包含自变量的模型、包含自变量与交互变量的模型、包含自变量与中介变量的模型以及全模型进行了汇报。

1. 政治依赖对CSR报告发布的影响关系实证模型

为验证政治依赖下各研究因素对CSR报告发布的影响情况，本研究构建了如式（4.1）所示的实证研究模型。式（4.1）的因变量为CSR报告发布（CSR_Issue）的概率。自变量包括：中央政治关联（CentralPC）、地方政治关联（LocalPC）、政治印记（Stamp）、财务资源（ROA）。Controls为影响CSR报告发布的控制变量，具体包含：每股收益（EPS）、总资产净利率（PRA）、境外股东持股（QFII）、销售收入（Z_SR）、上市地点（Exchange）与境外上市（IPO2）。

模型1：$Logit(P)=\ln\frac{p}{1-p}=\beta_0+\beta_1 Stamp+\beta_2 ROA+\beta_3 LocalPC+\beta_4 CentralPC+\sum Controls+\varepsilon$ （4.1）

模型2：$Logit(P)=\ln\frac{p}{1-p}=\beta_0+\beta_1 Stamp+\beta_2 ROA+\beta_3 PC+\beta_4 Stamp\times Nation+\beta_4 ROA\times Nation+\beta_5 PC\times Nation+\sum Controls+\varepsilon$ （4.2）

为验证所有制变化下政治依赖相关因素对CSR报告发布的影响，在模型1的基础上加入了所有制结构与政治依赖相关各因素的交互项，构建如模型2，加入了企业性质与政治依赖各影响因素的交互项。自变量中交互项分别为政治印记、财务资源、政治关联与企业性质（Nation）的乘积。以式（4.2）为例，交互项为政治印记×企业性质、财务资源×企业性质、政治关联×企业性质。其他自变量和控制变量同上一个模型。

模型3：$CSR\_Issue=\beta_0+\beta_1 EPS+\beta_2 PRA+\beta_3 QFII+\beta_4 Z\_SR+\beta_5 IPO2+\beta_6 Exchange+\varepsilon$ （4.3）

为了更好地研究各个解释变量对企业是否发布报告的影响程度，在模型3中，将全部控制变量加入模型，研究全部控制变量对模型的解释状况，进而能够更好地研究各个解释变量单独或联合起来对因变量的影响。

2. 政治印记对CSR报告发布的影响关系实证模型

模型4：$CSR\_Issue=\beta_0+\beta_1 Stamp+\beta_2 EPS+\beta_3 PRA+\beta_4 QFII+\beta_5 Z\_SR+\beta_6 IPO2+\beta_7 Exchange+\varepsilon$ (4.4a)

模型5：$CSR\_Issue=\beta_0+\beta_1 Stamp\times Nation+\beta_2 EPS+\beta_3 PRA+\beta_4 QFII+\beta_5 Z\_SR+\beta_6 IPO2+\beta_7 Exchange+\varepsilon$ (4.4b)

3. 财务资源对CSR报告发布的影响关系实证模型

模型6：$CSR\_Issue=\beta_0+\beta_1 ROA+\beta_2 EPS+\beta_3 PRA+\beta_4 QFII+\beta_5 Z\_SR+\beta_6 IPO2+\beta_7 Exchange+\varepsilon$ (4.5a)

模型7：$CSR\_Issue = \beta_0 + \beta_1 ROA \times Nation + \beta_2 EPS + \beta_3 PRA + \beta_4 QFII + \beta_5 Z\_SR + \beta_6 IPO2 + \beta_7 Exchange + \varepsilon$ (4.5b)

4. 政治关联对CSR报告发布的影响关系实证模型

为检验政治关联情况下的具体不同情况对CSR报告发布产生的影响，研究进一步将政治关联区分为政治关联（PC）、中央政治关联（CentralPC）与地方政治关联（LocalPC），构建模型如式（4.6~4.8）。

模型8：$CSR\_Issue = \beta_0 + \beta_1 PC + \beta_2 EPS + \beta_3 PRA + \beta_4 QFII + \beta_5 Z\_SR + \beta_6 IPO2 + \beta_7 Exchange + \varepsilon$ (4.6)

模型9：$CSR\_Issue = \beta_0 + \beta_1 CentralPC + \beta_2 EPS + \beta_3 PRA + \beta_4 QFII + \beta_5 Z\_SR + \beta_6 IPO2 + \beta_7 Exchange + \varepsilon$ (4.7a)

模型10：$CSR\_Issue = \beta_0 + \beta_1 LocalPC + \beta_2 EPS + \beta_3 PRA + \beta_4 QFII + \beta_5 Z\_SR + \beta_6 IPO2 + \beta_7 Exchange + \varepsilon$ (4.7b)

模型11：$CSR\_Issue = \beta_0 + \beta_1 PC \times Nation + \beta_2 EPS + \beta_3 PRA + \beta_4 QFII + \beta_5 Z\_SR + \beta_6 IPO2 + \beta_7 Exchange + \varepsilon$ (4.8)

4.4　CSR披露影响研究的实证分析

4.4.1　描述性统计分析

根据前述样本选择说明，本研究在获得中国制造业上市企业相关信息后，再依据企业创立年限、政治关联程度、是否被以“退市风险”处理、相关有效变量缺失和离散点分析等情况进行了样本选择剔除，最终获得955个观测对象用于后续实证研究与结果分析。根据样本特征分布与关键指标描述发现，未发布报告企业的财务资源和销售收入源显著少于发布报告的企业。同时发现，在深交所上市的企业占比中，未发布报告的企业显著高于发布报告的企业，在上交所上市的企业中，发布报告企业的比例显著高于未发布报告的企业。由于财务资源所选用的替代指标为企业创立年限，通过对比发现，发布报告企业的政治印记平均值高于未发布企业的政治印记平均值。如表4-3和表4-4所示。

表4-3　发布报告与未发布报告企业的关键指标比较

	Variable	Obs	Min	Max	Mean	Std.
CSR_ Issue=1	Stamp	292	9	33	19.76	4.231
	ROA	292	−0.49895	0.420654	0.039124	0.083262
	LocalPC	292	0	1	0.21	0.410
	CentralPC	292	0	1	0.14	0.344
	EPS	292	−5.7390	4.4000	0.4971	0.8113
	PRA	292	−0.53191	0.339913	0.047043	0.070373
	QFII	292	0.00000	0.032891	0.001791	0.005384
	Z_SR	292	−0.28551	24.4713	0.285517	1.64801
	IPO2	292	0	1	0.12	0.321
	Exchange	292	0	1	0.55	0.499
CSR_ Issue=0	Stamp	663	8	39	18.89	5.275
	ROA	663	−0.88663	0.419267	0.016652	0.089712
	LocalPC	663	0	1	0.25	0.431
	CentralPC	663	0	1	0.08	0.264
CSR_ Issue=0	EPS	663	−3.1700	21.5600	0.306525	1.02467
	PRA	663	−3.91108	0.333362	0.021307	0.185317
	QFII	663	0.000000	0.088015	0.001167	0.005673
	Z_SR	663	−0.29161	8.05192	−0.12574	0.442080
	IPO2	663	0	1	0.05	0.214
	Exchange	663	0	1	0.33	0.470

表4-4　关键指标描述性统计

发布报告企业	Obs	Min	Max	Mean	Std.
Stamp	292	9	33	19.76	4.231
ROA	292	-0.4989577193113680	0.4206544777420261	0.039124306620127	0.083262349720616
LocalPC	292	0	1	0.21	0.410
CentralPC	292	0	1	0.14	0.344
EPS	292	−5.7390	4.4000	0.497070	0.8112658
PRA	292	−0.531916	0.339913	0.04704335	0.070373226
QFII	292	0.0000000	0.032891	0.0017912	0.005384
Z_SR	292	−0.28551	24.47136	0.2855177	1.64800696
IPO2	292	0	1	0.12	0.321
Exchange	292	0	1	0.55	0.499
有效个案数	292				
未发布报告企业	Obs	Min	Max	Mean	Std.
Stamp	663	0	0	0.00	0.000
ROA	663	8	39	18.89	5.275
LocalPC	663	−0.886634	0.419267	0.0166521	0.0897121
CentralPC	663	0	1	0.25	0.431
EPS	663	0	1	0.08	0.264
PRA	663	−3.1700	21.5600	0.306525	1.0246764
QFII	663	−3.911080	0.333362	0.02130696	0.185317158
Z_SR	663	0.000000	0.088015	0.001168	0.005673
IPO2	663	−0.29161	8.05192	−0.1257484	0.44207955
Exchange	663	0	1	0.05	0.214
Stamp	663	0	1	0.33	0.470
有效个案数	663				

从发布报告企业与未发布报告企业的关键指标比较可以看出，发布报告企业的观察点样本为292个，未发布报告企业的观察点样本为663个。从样本特征来看，未发布报告企业的销售收入一般较低，创立年限相对较短。发布报告企业多为在上交所上市的企业，在深交所上市的企业发布报告的比例很小。

各主要变量的相关性分析结果如表4-5所示。Stamp与Nation、IPO2、

Exchange之间在1%的置信区间显著相关，而与其他变量不显著相关。ROA与Nation、EPS、QFII在1%的置信区间显著相关。但是所有变量间的相关系数均小于0.5。

同样，LocalPC与CentralPC在1%的置信区间显著相关，但是相关系数均小于0.5。Nation与IPO2、Exchange、Z_SR在1%的置信区间显著相关，但是相关系数小于0.5。IPO2与Z_SR在1%的置信区间显著相关，但是相关系数小于0.5。Exchange与Z_SR在1%的置信区间显著相关，但是相关系数仅为0.098。这说明，参与研究的所有变量之间不存在严重的多重共线性问题，达到进一步回归分析条件。

表4-5　主要变量相关系数表与描述性统计

		Stamp	ROA	LocalPC	CentralPC	Nation	EPS	PRA	QFII	IPO2	Exchange	Z_SR
Stamp	相关性	1										
	显著性											
ROA	相关性	-0.030	1									
	显著性	0.351										
LocalPC	相关性	0.063	0.034	1								
	显著性	0.053	0.287									
CentralPC	相关性	0.027	0.034	0.249**	1							
	显著性	0.403	0.298	0.000								
Nation	相关性	0.252**	-0.094**	-0.072*	0.006	1						
	显著性	0.000	0.003	0.026	0.847							
EPS	相关性	0.034	0.200**	0.057	0.021	0.050	1					
	显著性	0.295	0.000	0.075	0.523	0.125						
PRA	相关性	0.004	0.056	-0.012	0.012	0.029	0.364**	1				
	显著性	0.897	0.081	0.709	0.712	0.374	0.000					
QFII	相关性	-0.006	0.103**	0.012	0.004	0.027	0.159**	0.075*	1			
	显著性	0.848	0.001	0.718	0.900	0.400	0.000	0.020				

续表

		Stamp	ROA	LocalPC	CentralPC	Nation	EPS	PRA	QFII	IPO2	Exchange	Z_SR
IPO2	相关性	0.205**	0.023	0.014	0.011	0.155**	0.115**	0.005	-0.011	1		
	显著性	0.000	0.481	0.663	0.734	0.000	0.000	0.877	0.723			
Exchange	相关性	0.282**	-0.046	-0.039	0.025	0.298**	0.043	-0.001	0.015	0.067*	1	
	显著性	0.000	0.158	0.223	0.432	0.000	0.181	0.970	0.650	0.038		
Z_SR	相关性	0.028	0.056	-0.002	0.042	0.147**	0.192**	0.040	0.040	0.177**	0.098**	1
	显著性	0.382	0.082	0.942	0.192	0.000	0.000	0.218	0.214	0.000	0.002	

注：**表示在 0.01 级别（双尾），相关性显著；*表示在 0.05 级别（双尾），相关性显著。

4.4.2　假设检验与分析

由于企业发布报告具有连续性，主要分析变量政治印记变化性很弱，同时，在政治关联数据搜集过程中发现人大代表和政协委员身份五年为一个周期，周期内身份变化情况很小，同时考虑2015年前的数据样本数量和质量都不足以进行连续性统计分析，仅考虑三年的样本数量又很难满足面板数据反映连续变化的整体要求，因此，本阶段研究样本选择2017年955家样本企业的截面数据进行回归分析。本阶段研究采用SPSS 23.0软件，应用多元回归模型对数据进行分析，并对可能存在的异方差和离散点干扰进行了调整。每一部分的回归结果涵盖了仅包含控制变量的基准模型，包含自变量与控制变量和相关交互项的全模型。但不同自变量之间存在相关性，因此每一个模型中都包含自变量、控制变量和交互变量的独立报告。为防止存在多重共线性问题，在实证研究前对可能存在共线性的一些解释变量进行了标准化处理，交互效应中的交互项也是在中心化之后再彼此相乘而建立的，数据条件均达到实证分析要求。

1. 政治依赖与CSR报告发布

实证模型1结果：

$$Logit(P)=\ln\frac{p}{1-p}=-1.561+0.033Stamp+3.210ROA-0.341LocalPC+0.628CentralPC+\sum Controls+\varepsilon \qquad (4.9)$$

P代表取值为1的事件发生的概率，$\sum$Controls为控制变量在回归方程中的作用效果，ε为方程中的随机扰动项。

如表4-6和表4-7所示：政治依赖中各变量对企业是否发布CSR报告的回归结果显示，在只有独立自变量与是否发布CSR报告的回归中，除地方政治关联外，其他政治依赖因素均与企业是否发布CSR报告呈显著正相关。政治印记的显著性低于5%水平，回归系数为-0.033，财务资源的显著性为0.002，回归系数为3.210，说明政治印记与财务资源都对企业发布CSR报告有正向显著影响，因此假设H2a与H3a成立。在包含全部政治依赖因素的回归模型（模型1）中，政治印记、财务资源与中央政治关联在全模型作用下与企业是否发布CSR报告正相关，与地方政治关联呈负相关，即企业在地方上的政治关联越强，企业发布社会责任报告的可能性将更低，因此假设H1c成立。

就控制变量来看，企业的总资产净利率越高，企业通过全部资产获得利润的水平更强，将会使企业更有可能发布社会责任报告。同时，如果企业有在境外上市的情况，也更有可能发布社会责任报告。

表4-6 政治依赖对CSR报告发布各变量回归分析

	模型3	模型4	模型6	模型9	模型10	模型1
Stamp		−0.03*				0.033**
		（0.044）				（−0.029）

续表

	模型3	模型4	模型6	模型9	模型10	模型1
ROA			3.198***			3.210***
			（0.002）			（0.002）
LocalPC				−0.173		−0.341*
				（0.328）		（0.071）
CentralPC					0.544**	0.628**
					（0.022）	（0.013）
EPS	−0.083	−0.083	−0.117	−0.075	−0.081	−0.101
	（0.338）	（0.334）	（0.183）	（0.387）	（0.348）	（0.257）
PRA	3.046**	3.039**	2.429*	2.960**	3.077**	2.280*
	（0.025）	（0.025）	（0.067）	（0.029）	（0.023）	（0.085）
QFII	11.728	12.088	8.634	11.844	11.724	8.977
	（0.339）	（0.327）	（0.489）	（0.334）	（0.339）	（0.477）
IPO2	1.198***	1.213***	1.275***	1.258***	1.233***	1.199***
	（0.000）	（0.000）	0	（0.000）	（0.000）	0
常量	−0.886***	−1.465***	−0.933***	−0.847***	−0.945***	−1.561***
	（0.000）	（0.000）	（0.000）	（0.000）	（0.000）	（0.000）
N	955	955	955	955	955	955
内戈尔科R方	0.51	0.515	0.424	0.511	0.516	0.540

注：行业与年度虚拟变量的回归系数略去；括号中为T统计量；*p<0.1；**p<0.05；***p<0.01。

表4-7　方程中的变量

	B	标准误差	瓦尔德	自由度	显著性	Exp(B)
Stamp	0.033	0.015	4.784	1	0.029	1.034
ROA	3.210	1.039	9.543	1	0.002	24.779
LocalPC	−0.341	0.188	3.268	1	0.007	0.711
CentralPC	0.628	0.253	6.176	1	0.001	1.874
EPS	−0.101	0.089	1.283	1	0.257	0.904
PRA	2.280	1.323	2.970	1	0.085	9.781
QFII	8.977	12.611	0.507	1	0.477	7919.916

续表

	B	标准误差	瓦尔德	自由度	显著性	Exp(B)
IPO2	1.228	0.209	34.374	1	0.000	3.415
常量	−1.561	0.309	25.435	1	0.000	0.210

2. 政治依赖与企业性质的交互效应与CSR报告发布

实证模型2结果：

$$Logit(P)=\ln\frac{p}{1-p}=-1.385+0.036Stamp+4.887ROA+0.484PC+0.056Stamp\times Nation -1.295ROA\times Nation-0.864PC\times Nation+\sum Controls+\varepsilon \quad (4.10)$$

P代表取值为1的事件发生的概率，$\sum$Controls为控制变量在回归方程中的作用效果，ε为方程中的随机扰动项。

如表4-8和表4-9所示：在政治依赖与企业性质的交互效应对企业是否发布CSR报告的回归结果中显示，除财务资源与企业性质的交互变量对企业是否发布CSR报告不显著外，其余变量都在5%水平下（$P<0.05$）呈现显著影响。政治关联在5%的水平下显著，且为正向影响，说明假设H1a成立。财务资源本身对企业CSR报告发布有显著正向影响（P=0.002），但在与企业性质的交互作用下，无法探知国有企业或民营企业在财务资源充足情况下是否影响企业发布CSR报告，假设H3b无法验证。政治印记（P=0.073）与其和企业性质的交互效应对企业是否发布CSR报告呈负相关，其余因素都对结果产生正相关作用。政治印记越强，企业发布CSR报告的可能性越低（P=−0.036），但考虑交互作用的影响，在政治印记强的企业中，国有企业更有可能发布CSR报告，民营企业发布报告的可能性更低，因此假设H2b成立。同时，拥有政治关联（P=0.042）企业更有可能发布CSR报告，但考虑企业在已经拥有政治关联的情况下，回归系数为-0.864，说明国有企业不如民营企业发布CSR报告的可能

性大，至此假设H1b成立。在控制变量中，销售收入高的企业或者是在上交所上市的企业，更有可能影响企业发布CSR报告。

表4-8　政治依赖与企业性质的交互效应对CSR报告发布各变量回归分析

	模型3	模型4	模型6	模型8	模型5	模型7	模型11	模型2
Stamp		−0.007						−0.036*
		0.036						0.073
ROA			3.804**					4.887***
			0.000					0.002
PC				0.031				0.484**
				0.856				0.042
Stamp × Nation					0.026***			0.056***
					0.002			0
ROA × Nation						4.120***		−1.295
						0.007		0.546
PC × Nation							−0.086	−0.864**
							0.713	0.011
EPS	−0.096	−0.095	−0.135	−0.097	−0.100	−0.146	−0.092	−0.127
	0.276	0.279	0.129	0.271	0.254	0.109	0.295	0.168
PRA	3.2**	3.198**	2.469*	3.216**	3.710**	3.265**	3.151**	2.975**
	0.024	0.024	0.074	0.023	0.012	0.022	0.026	0.049
QFII	12.280	12.221	8.329	12.218	11.028	9.711	12.312	4.859
	0.331	0.334	0.513	0.333	0.390	0.441	0.330	0.706
Z_SR	1.129***	1.120***	1.170***	1.129***	1.042***	1.155***	1.133***	1.065***
	0.000	0.000	0.000	0.000	0.000	0.000	0.000	0.000
IPO2	0.355	0.311	0.360	0.354	0.189	0.335	0.357	0.232
	0.233	0.316	0.230	0.234	0.532	0.263	0.230	0.465
Exchange	0.834***	0.802***	0.890***	0.835***	0.710***	0.827***	0.840***	0.862***
	0.000	0.000	0.000	0.000	0.000	0.000	0.000	0.000
常量	−1.284***	−1.379***	−1.365***	−1.293***	−1.477***	−1.294***	−1.276***	−1.385***
	0.000	0.000	0.000	0.000	0.000	0.000	0.000	0.000

续表

	模型3	模型4	模型6	模型8	模型5	模型7	模型11	模型2
N	955	955	955	955	955	955	955	955
内戈尔科R方	0.554	0.554	0.472	0.554	0.566	0.565	0.554	0.599

注：行业与年度虚拟变量的回归系数略去；括号中为T统计量；*p < 0.1；**p < 0.05；***p < 0.01。

表4-9　方程中的变量

	B	标准误差	瓦尔德	自由度	显著性	Exp(B)
Stamp	−0.036	0.020	3.221	1	0.073	0.965
ROA	4.887	1.612	9.192	1	0.002	132.557
PC	0.484	0.238	4.153	1	0.042	1.623
Stamp × Nation	0.056	0.013	18.359	1	0.000	1.058
ROA × Nation	−1.295	2.148	0.364	1	0.546	0.274
PC × Nation	−0.864	0.341	6.399	1	0.011	0.422
EPS	−0.127	0.092	1.900	1	0.168	0.881
PRA	2.975	1.514	3.862	1	0.049	19.596
QFII	4.859	12.867	0.143	1	0.706	128.912
Z_SR	1.065	0.208	26.180	1	0.000	2.900
IPO2	0.232	0.317	0.533	1	0.465	1.261
Exchange	0.862	0.169	26.098	1	0.000	2.367
常量	−1.385	0.256	29.170	1	0.000	0.250

4.4.3　稳健性分析和检验

为了增强本研究实证结果的说服力，测试模型的稳定性，除了上述实证回归外，还进行了稳健性分析和检验。选用能够衡量企业价值的Tobin_Q值替代模型中反映企业财务资源的财务指标总资产收益率（ROA），其中Tobin_Q=公司市值/年末总资产，相关指标来源于Wind数据库。Tobin_Q值是影响企业绩效和企业社会责任的重要指标，企业价值越高代表市场盈利能力越强，核心市场竞争力越突出，企业的流通资金和可用资源越多，代表着能够投入企业社会责任的可用资源越充足，企业价值的高低对企业社会责任活动的影响也会不同。两个阶段实证回归的稳健性检验结果如表4-10所示。

表4-10　政治依赖对CSR报告发布影响关系，模型稳健性检验结果

	模型3	模型4	模型6	模型9	模型10	模型1
Stamp		−0.03**				−0.031**
		（0.044）				(0.038)
Tobin_Q			0.023**			0.025**
			(0.039)			(0.034)
LocalPC				−0.173		−0.331*
				（0.328）		(0.077)
CentralPC					0.544**	0.661***
					（0.022）	(0.008)
EPS	−0.083	−0.083	−0.083	−0.075	−0.081	−0.066
	（0.338）	（0.334）	(0.341)	（0.387）	（0.348）	(0.447)
PRA	3.046**	3.039**	3.059**	2.960**	3.077**	2.916**
	（0.025）	（0.025）	(0.025)	（0.029）	（0.023）	(0.032)
QFII	11.728	12.088	11.42	11.844	11.724	11.9
	（0.339）	（0.327）	(0.352)	（0.334）	（0.339）	(0.338)
IPO2	1.264***	1.237***	1.275***	1.258***	1.233###	1.199***
	（0.000）	（0.000）	(0.000)	（0.000）	（0.000）	(0.000)
常量	−0.886***	−1.465***	−0.84***	−0.847***	−0.945***	−1.431***
	（0.000）	（0.000）	(0.000)	（0.000）	（0.000）	(0.000)
N	955	955	955	955	955	955
内戈尔科R方	0.51	0.515	0.411	0.511	0.516	0.527

注：行业与年度虚拟变量的回归系数略去；括号中为T统计量；* $p < 0.1$；** $p < 0.05$；*** $p < 0.01$。

表4-10的回归结果显示，采用衡量企业价值的Tobin_Q值替代财务资源（ROA）在对相同955家制造业上市公司的实证回归中，除地方政治关联与是否发布CSR报告呈负相关外，其余变量均与目标变量呈正相关，且回归结

果显示均显著。地方政治关联对是否发布CSR报告的显著性水平由0.071变成0.077，整体显著性并无太大变化，且其余变量的显著性水平也都在0.05以下。控制变量中的总资产净利率与境外上市两项依然显著，且显著性稳定。

表4-11反映了用Tobin_Q替代总资产收益率对政治依赖与企业性质的交互作用对CSR报告发布的稳健性检验。结果显示，政治关联与企业性质的交互作用依然对是否发布CSR报告产生负向影响，Tobin_Q与企业性质的交互作用还是不显著。控制变量中总资产净利率、销售收入与上市交易所三项保持显著状态。同时，与原模型相比，两次稳健性检验拟合优度基本保持不变。因此，模型稳健性检验的结果并没有改变原假设检验的相关结论，检验结果显示模型具有一定的稳健性。

表4-11　政治依赖与企业性质交互效应对CSR报告发布影响关系模型稳健性检验结果

	模型3	模型4	模型6	模型8	模型5	模型7	模型11	模型2
Stamp		0.007						−0.035*
		0.636						0.084
Tobin_Q			0.028					0.040
			0.330					0.514
PC				0.031				0.521**
				0.856				0.026
Stamp×Nation					0.026***			0.049***
					0.002			0.001
Tobin_Q×Nation						0.008		0.013
						0.760		0.845
PC×Nation							−0.086	−0.894***
							0.713	0.008
EPS	−0.096	−0.095	−0.095	−0.097	−0.100	−0.096	−0.092	−0.094
	0.276	0.279	0.278	0.271	0.254	0.275	0.295	0.293

续表

	模型3	模型4	模型6	模型8	模型5	模型7	模型11	模型2
PRA	3.2**	3.198**	3.227**	3.216**	3.710**	3.205**	3.151**	3.955***
	0.024	0.024	0.023	0.023	0.012	0.024	0.026	0.009
QFII	12.280	12.221	11.868	12.218	11.028	12.408	12.312	9.206
	0.331	0.334	0.348	0.333	0.390	0.326	0.330	0.475
Z_SR	1.129***	1.120***	1.141***	1.129***	1.042***	1.122***	1.133***	1.048***
	0.000	0.000	0.000	0.000	0.000	0.000	0.000	0.000
IPO2	0.355	0.311	0.347	0.354	0.189	0.354	0.357	0.244
	0.233	0.316	0.244	0.234	0.532	0.233	0.230	0.438
Exchange	0.834***	0.802***	0.840***	0.835***	0.710***	0.830***	0.840***	0.823***
	0.000	0.000	0.000	0.000	0.000	0.000	0.000	0.000
常量	−1.284***	−1.379***	−1.230***	−1.293***	−1.477***	−1.291***	−1.276***	−1.196***
	0.000	0.000	0.000	0.000	0.000	0.000	0.000	0.000
N	955	955	955	955	955	955	955	955
内戈尔科R方	0.554	0.554	0.455	0.554	0.566	0.554	0.554	0.580

注：行业与年度虚拟变量的回归系数略去；括号中为T统计量；*$p < 0.1$；**$p < 0.05$；***$p < 0.01$。

4.5　本章小结

本章主要进行了关于CSR报告发布的影响因素实证研究的实验设计与实证分析工作。在实证分析过程中，首先对相关研究变量进行描述性统计分析，包括变量间相关性分析；其次，运用SPSS 23.0软件对相关问题进行实证检验研究；再次，运用变量替换方法对模型进行稳定性检验，验证检验结果是否具有稳定性；最后得出相关假设的实证检验结果。

关于影响CSR报告发布的实证结果如下。

（1）政治关联与企业是否发布CSR报告呈显著正相关，但在已经拥有政治关联的情况下，国有企业反而不如民营企业发布CSR报告的可能性大。同时，地方政治关联与CSR报告发布呈负相关，即企业在地方上的政治关联越强，企业发布CSR报告的可能性将更低。

（2）政治印记对企业发布CSR报告有显著影响，政治印记越强，企业发布CSR报告的可能性越低，但在考虑交互作用的影响下，在政治印记强的企业中，国有企业更有可能发布CSR报告，民营企业发布CSR报告的可能性更低。

（3）财务资源对企业CSR报告发布有显著正向影响，但在与企业性质的交互作用下，无法探知国有企业或民营企业在财务资源充足情况下是否影响企业发布CSR报告，因此，在财务资源充足情况下，民营企业对企业发布CSR报告的正相关关系未能得到支持。

第5章

CSR履行实质性影响研究的理论分析与研究假设

5.1 CSR履行实质性影响分析的理论基础与研究模型

5.1.1 企业规模对CSR履行实质性的影响

以往对CSR成本的研究，大多聚焦在对社会的消耗和企业外部的效应影响，因此CSR成本理论被逐渐开发和应用。在实际研究CSR的过程中，内部成本对企业的消耗一直是一个被忽略的话题，但是内部成本对CSR现实表现影响作用却是不可忽视的。因此在研究中，探讨企业内部对社会责任工作的影响，即组织成本理论研究将会是一个重要研究部分。

1. 组织成本理论

1937年，科斯在其发表的《企业的性质》论文中首次提出组织成本的概念。科斯认为市场在使用价格机制配置资源的过程中是会产生一定的成本花费的，这部分成本花费就是交易费用。科斯在回答企业为什么会存在的时候提出，企业可以通过内部命令的方式取代市场交易成本，还可以完成传统市场的资源配置任务，因而企业由于节省交易费用而成为市场不可或缺的运行单位。虽然企业的出现节省了市场交易费用，但企业内部运行也需要耗损一定的成本花费；同时随着规模增大，内部运行的成本花费也会增加，而企业的边界就取决于增加的边际组织成本与节约的边际交易费用的均衡。虽然科斯并没有对组织成本问题单独分析，但从其理论可以推导出，企业内部的组织成本与外部市场交易成本是相对立存在的。从二者发生的动因分析，外部市场交易成本是由市场活动中搜寻、谈判、签约等行为产生的，而内部组织成本是由领导、管理、协调而产生的。因此，虽然企业的出现降低了市场资源配置产生的交易费用，却同时衍生出企业内部的组织成本花费，组织成本即企业替代市场配置资源节约交易费用的过程中，企业内部产生的组织运行成本。

经济学研究资源合理配置，企业的组织成本是为了减低市场交易费用而从企业内部产生的组织运行与管理花费，在明确组织成本概念后，还应该开始对组织成本包含的具体维度与内容进行分析。李元旭（1999）在研究中指出，组织成本花费即企业内部在运行及管理过程中产生的成本费用，是企业通过组织内部行政力量在配置组织内部资源过程中订立内部“契约”而产生的活动成本。更详细地说就是企业为实现自身组织目标以及构建组织框架而产生的相关花费，以及企业内部在组织、管理、协调过程中产生的运营成本（Wickert，2016）。结合对企业社会责任披露与履行工作的研究，组织成本应该表现在以下四个方面。

（1）构建组织架构的相关成本花费。组织架构是为达到企业内部在工作分解、组合以及协调目的创建的框架体系。企业在参与社会责任工作的过程中，需要构建企业在社会责任工作方面的工作结构，在这一过程中涉及的部门划分、职位分派、人员安排等工作所产生的支出都属于构建组织架构的成本花费。

（2）内部运行成本。构建好社会责任工作架构后，为保障社会责任目标的最终实现以及组织活动的正常运行，企业需要制订管理决策、创建规章制度、协调部门关系、完善沟通机制，由此一系列行为产生的内部支出组成了组织内部的运行成本。

（3）监督与激励成本。企业内部管理活动围绕的核心是人，人具有主观能动性，成功的组织管理需要完善的内部机制使员工的才能和潜力得到积极和充分的发挥。因此，在组织内部管理过程中，由监督与激励产生的管理花费构成组织内部的监督与激励成本。

（4）其他管理成本。除以上成本外，在企业参与社会责任的过程中，还有创建和凝固企业文化、与外部利益相关者协调等相关活动的支出。

2. 企业规模对CSR履行实质性的影响关系分析

组织结构与组织花费彼此影响是典型的权变理论和组织经济学范畴下的研究内容。运用组织花费视角解释不同结构类型组织在社会责任参与方面的差异会更加清晰。以企业规模特点对组织结构进行划分。聚焦大规模企业，根据管理理论中的“递减控制法”可知，企业的控制力度会随着公司规模的增大而减小，当一家公司规模很大时，由于企业内部层级复杂，从企业总部用垂直手段管理公司会变得越来越困难。另外，由于大规模企业受到来自社会的关注与压力通常更大，因此其社会责任工作不仅需要延续到自身可能拥有的在不同国家的子机构，还需要向外延伸到与之密切相关的一、二线供应商企业（Scherer A. G.，2013），管理范围的扩大增加了内部运行过程中的不确定性以及失控程度。

从部门参与程度来看，大规模企业的CSR参与通常受到CSR部门的监管，企业内部的其他部门如法律、公关和营销等职能部门也越来越多地参与其中，共同推动CSR工作（Delmas M. A.，2010）。这些层级结构复杂的运营活动以及企业管理分化所产生的支出都会在很大程度上增加大规模企业在组织成本方面的花费。正如学者Camancho（1991）在研究中指出，“一家企业的规模结构越大，维持其正常生产周期所需要的员工人数就越多，进而用来协调高效生产活动的成本就会越大”。需要指出的是，高昂的CSR组织成本花费虽然为企业带来负担，但也会带来与之相匹配的益处，比如通过参与CSR工作而产生的良好的企业声誉可以应用于大公司旗下的全部品牌之中，使产品在消费者心中的印象大大提升（McWilliams，2001）。

在对小规模企业的研究中发现，与大规模企业不同的是，由于管理层级简单，上下级沟通极为方便，一线员工更容易接收和理解来自管理层的指令，因此，企业成长的边际规模与组织结构间的影响与大规模企业相比有很大差异，企业内部执行社会责任活动花费的成本也会比大规模企业小很多（Darnall N.，2010）。单就组织成本而言，相较于大公司，小规模企业要减少很多。

在CSR披露问题上，由于进行CSR披露需要划分专门的部门或组织专门的人手以完成数据收集、报告撰写、内部调研、组织发布等一系列工作，其中产生的与公司内部人员和外部媒体与公众在组织、协调，包括发布场地和组织宣传等相关组织成本费用虽然相对固定，但数量并不小，对大规模公司而言这部分成本很小，但企业获得的收益却可以用于所有下属企业和子品牌，因此，相对便宜却能够带来巨大收益的CSR披露经常是大企业在CSR工作上的一大侧重点，大规模企业往往更加注重性价比较高的CSR披露。对于小规模企业而言，这部分花费会是一项比重较大的成本开支，甚至有些时候会影响企业的正常运营。但也正是因为企业规模较小，组织内部沟通和协调的成本极低，因此，小规模企业往往更加注重实际的CSR履行工作，而选择忽视或弱化相对自身而言成本占比较大的CSR披露工作。

根据上述初步分析，组织成本的实际影响将会直接导致企业参与社会责任工作过程中相关结果的明显差异化。由此本研究认为，运用组织成本花费解释不同规模企业在社会责任参与过程中与社会责任最终表现方面的差异，是一个全新的理论视角，也有助于更加清晰地认识CSR差异化表现的影响因素与影响过程。本研究在后续的分析假设中，会对具体情况进行更加深入的探讨。

基于组织成本理论，本研究探讨了不同企业规模对CSR披露与履行现实表现的影响过程。图5-1示意性地说明了本研究的观点。横轴描绘的是企业规模不断增长，纵轴描述了参与CSR工作需要花费的相对组织成本，本研究将其定义为CSR披露与履行方面的组织成本在企业CSR总成本中的相对份额。在图5-1中，两个成本曲线之间的空间（黑线／虚线）代表CSR披露的相对成本与CSR履行的相对成本间的差距。这里需要注意，为了简化本研究的理论论证，在模型中并没有提出各自差距的具体范围。但是如图5-1所示，本研究认为，成本差距的规模临界值会偏向小企业一侧，理由是小企业的CSR披露与履行的成本差异会小于大企业的披露与履行成本差异，因为达到一定规模后，企业的CSR履行成本一定远高于企业的CSR披露成本。

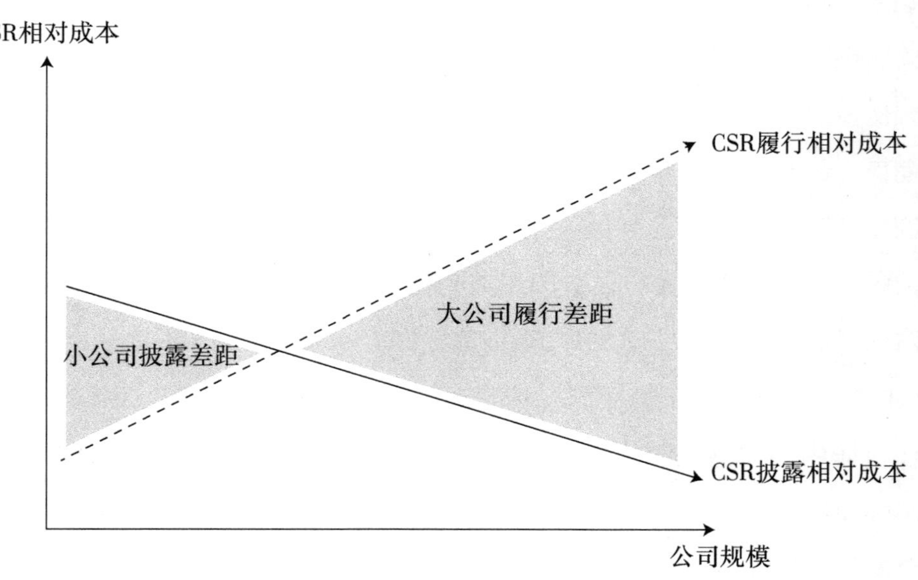

图5-1　企业社会责任组织成本示意

5.1.2　行业竞争对CSR履行实质性的影响

1. 产业组织理论

产业组织理论的诞生是由于古典经济学理论在19世纪末开始对市场经济发展的实践问题解释力不足。亚当·斯密在其经典著作《国富论》中阐述了“看不见的手”和放任市场经济自由化的机制学说，他在古典理论中指出“处于完全竞争的市场环境下，市场可以完全自主地合理调配资源，而人为干预市场的行为是完全没必要的”。然而在19世纪末期，现实经济生活中出现的垄断现象使新古典经济学派产生反思，古典经济学理论在当时市场垄断问题上的解释首次出现无法支撑的现象。随后新古典经济学派的代表性人物马歇尔在1890年发表的《经济学原理》一书中首次提出在规模经济与垄断弊病间存在矛盾的观点，即后来被称为“马歇尔冲突”的问题。具体来说就是企业在追求规模经济发展过程中产生的垄断将会阻止竞争，扼杀企业的竞争活力，造成市场资源的不合理配置。该现象发展到20世纪初期，当西方经济市场由之前的自由资本主义逐渐转到垄断资本主义时，古典经济学理论的观点遭到前所未有的冲击。此时，一批新派的经济学家打破传统，开始从微观层面上的企业与中观层面上的产业关系寻找突破，努力寻找新的理论答案。

马歇尔的研究并没有完全否定古典经济学理论，而是在面对古典理论解释力不足时，在继承古典理论基本假设的前提条件下，将原本只聚焦于市场的宏观经济视角，引向中观层面的产业和微观层面的企业，通过视角的转换对新出现的市场经济现象进行更充分和恰当的理论解释。

在1919年的研究中，马歇尔在其另一部著作《产业贸易》中深入指出，竞争是伴随市场出现的，几乎所有具备竞争性的市场都会存在一定的垄断因素，并且会在市场不确定性的基础上发挥作用。当时的观点获得了美国著名经济学家张伯伦及英国新剑桥学派代表性学者琼·罗宾逊等人的支持和响应。在1933年出版的《垄断竞争理论》一书中，张伯伦的观点是，垄断竞争的长期均衡要比自由竞争情况下产品的价格更好，而产量更低。他在逻辑推导中介绍，市场中只有一个厂商时，则厂商在短期内的均衡会使其获得超额利润，这种利润吸引会使其他新厂商不断进入，从而迫使原来的获利厂商不断降低价格以便应对新生成的市场竞争，当超额利润降低到零时，市场不会再吸引新的厂商加入，此时市场中的厂商数量会达到一种新的均衡状态，由此形成整个产业层面的长期均衡。

新古典经济学有关市场价格机制与市场资源配置的观点，为早期产业组织理论的产生奠定了理论基础。根据产业组织理论可知，市场的垄断与竞争可以左右厂商的定价与均衡情况。因此，在新古典经济学视角下，产业组织理论可以说明，企业（厂商）所处的市场环境能够深刻影响企业的现实市场行为（徐淑英和边燕杰，2008），这种市场行为不只包含产品价格等要素，也包含企业在市场竞争环境下的一系列现实表现等方面。

2. 行业竞争对CSR履行实质性的影响关系分析

Friedman（1970）在关于企业社会责任的研究中认为，企业的社会责任是在法律边界内和相关道德标准的基础上通过配置市场资源从而让企业获取更多的利润。21世纪以来，随着CSR研究的不断发展，越来越多的研究人员和企业家发现CSR能够创造竞争优势（Porter和Kramer，2006），为企业在市场活动中带来直接的商业利益。人们已经摆脱和超越原有认知，认为实施CSR并非企业受利益相关者和社会压力做出的被动反应，而是企业自愿通过做对利益相关者有益处的事达到获利目标的途径（Jalali，2007）。这也正对应McWilliams与Siegel等学者的观点，CSR被视为一种重要的企业战略，而且日益成为企业间新的相互竞争的方式，因此，企业通过实施CSR所取得的成绩会在很大程度上受到企业现实竞争环境的影响。这也和基于产业组织理论的推论完全契合，企业的外部市场环境会对企业行为和现实表现产生深刻影响。

Porter和Kramer（2006）指出，企业的竞争优势来自CSR战略与企业内外部环境的相互匹配，这说明企业所处的行业环境会对CSR战略的制订、实施以及现实表现为企业带来的收益产生重要影响。新产业组织理论的研究者多从行业间和行业内两个维度的产品市场竞争角度展开研究，其中行业间市场竞争主要反映的就是市场活动中的行业竞争水平。

处于集中程度较高行业的企业，由于垄断所带来的利润较为丰厚，更多将注意力集中于通过设置市场壁垒、提高价格以及寻租等市场化手段阻止其他新企业进入，从而维持自身的行业垄断地位。也由于垄断地位和弱竞争环境的影响，企业对消费者的产品和价格敏感度较低，不太会通过认真实施CSR战略等方式获取竞争优势。因此，企业实施CSR战略的动机和动力与竞争行业相比较弱，反映在市场表现上，垄断行业的企业可能出现CSR披露情况尚能满足市场认可，但CSR现实表现偏弱的情况。

研究人员认为，在行业竞争程度较高的情况下，企业会将CSR视为一种差异化核心战略（McWilliams和Siegel，2001；李华欒等，2011），将CSR与企业日常经营活动有机联系起来，有效改善企业的竞争条件和环境，为企业带来市场机会、创新活力及市场竞争优势，通过实施CSR战略，偏重CSR投入来创造竞争条件下新的产品（服务）需求或刺激原有的产品（服务）使其产生溢价。因此，可以推论出，企业所处行业竞争程度越高，企业通过CSR差异化战略获取市场竞争优势的动机就会越强烈，从CSR战略中获取的市场收益越大，同样，其CSR披露与市场现实履行表现也就会越好，CSR履行实质性水平也会更高。

基于上述理论分析，行业竞争程度对CSR披露与履行现实表现的关系如图5-2所示。

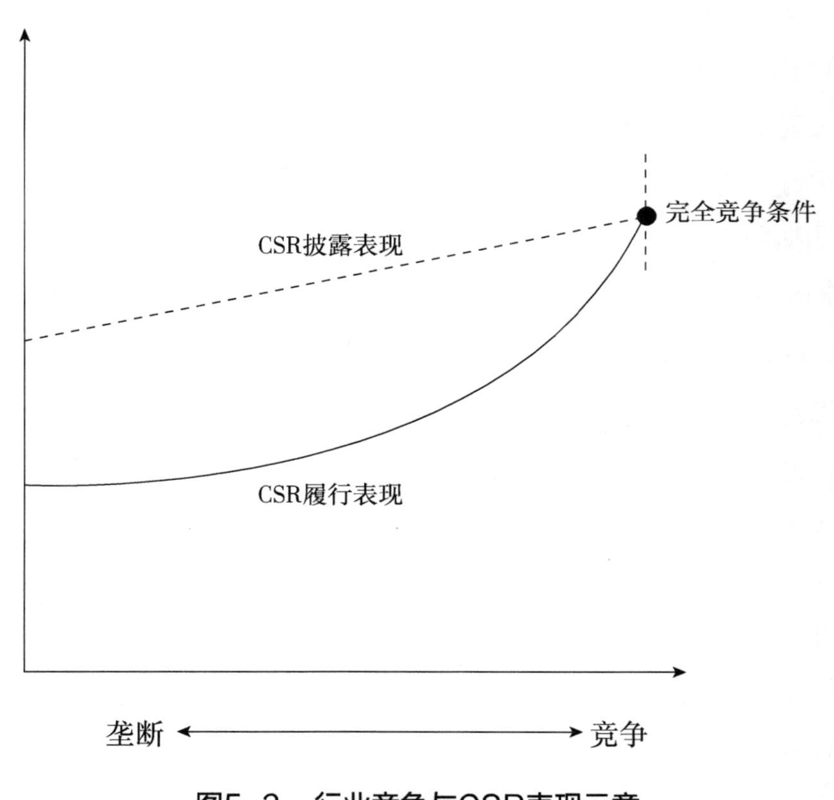

图5-2 行业竞争与CSR表现示意

5.1.3 外部监督在影响CSR履行实质性机制中的中介作用

1. 期望理论与公共压力

现有对企业社会责任的理解是建立在利益相关者的期望之上的（Carroll和Archie B. A.，1979）。期望理论首次被提出是在维克多·弗鲁姆1964年所著的

《工作与激励》（*Work and Motivation*）一书中。该理论认为，人们在诸多自然结果或状态中有自己的偏好，人们强烈喜好的结果对人们具有正效价，而那些人们避免的结果则具有负效价。换言之，在CSR领域中，消费者或社会（包括政府）的正向认同对企业的长期经营具有正向影响，反之，外部对企业的负向认同对企业具有负面影响。

社会或消费者是企业利益的重要相关方，现有研究已经表明外部社会（消费者）的期望与认可程度是企业战略的重要组成部分（Fornell等，2006）。利益相关者理论的研究指出，虽然消费者是企业利益相关者群体中最重要的组成部分，但是企业在生产经营过程中不但需要满足消费者在服务与产品上的基本需求，作为社会成员，企业也有义务积极承担社会方面的相应责任（Maignan等，2005）。与此观点对应的是，消费者满意度也不仅体现在消费者对企业产品与服务的评价上，企业在CSR方面的表现以及对社会做出的贡献也成为外部利益相关者评判企业的重要标准，将直接影响企业在利益相关者心中的声誉以及企业在市场中的价值（Luo X.和Bhattacharya C. B.，2006）。应当注意，这里所提到的利益相关者不只是企业产品的直接消费者，还应该涵盖所有潜在相关对象，因而研究中表述的利益相关者的期望应该是整个社会群体的期望。

社会期望往往存在于企业表现能够满足利益相关方需求的情况下，企业没有达到外部社会的标准，满足不了消费者与其他利益相关方需求的时候，这种社会期望将转变为一种来自外部的公共压力。Walden（1997）在研究中将这种公共压力进行具象化分析，从法律、文化以及政治三个层面进行讨论。其一，法律环境层面主要由国家和政府机构制定的相关法律法规及市场制度构成；其二，文化环境层面主要由企业外部社会公众的态度及价值观组成；其三，政治环境层面主要是政府等行政部门的监督管理。由于企业社会责任始于法律终结的地方，是在法律规定边界以外的（Carroll，1999），是企业对利益相关者自愿承担的相关工作，因此，在CSR范畴下公共压力的组成更应该强调文化与政治，即社会公众的态度与政府部门的监管。

基于上述理论，本研究认为社会期望与公共压力作用于企业表现与利益相关者满意之间的不同层面，彼此共存却也存在相互作用边界。需要特别注意的是，利益相关者（主要指消费者）满意程度并没有严格的客观标准，而是消费者的一种主观认知，当企业表现不能令消费者满意时，社会期望并不会立刻转变为公共压力，通常是企业表现与消费者满意标准差距达到一定程度时，消费者才会选择表达自身态度，释放公共压力，这里的满意度认知差距主要由消费者价值观决定。因此本研究尝试给出企业表现与消费者满意度之间的社会期望与公共压力作用示意，如图5-3所示。

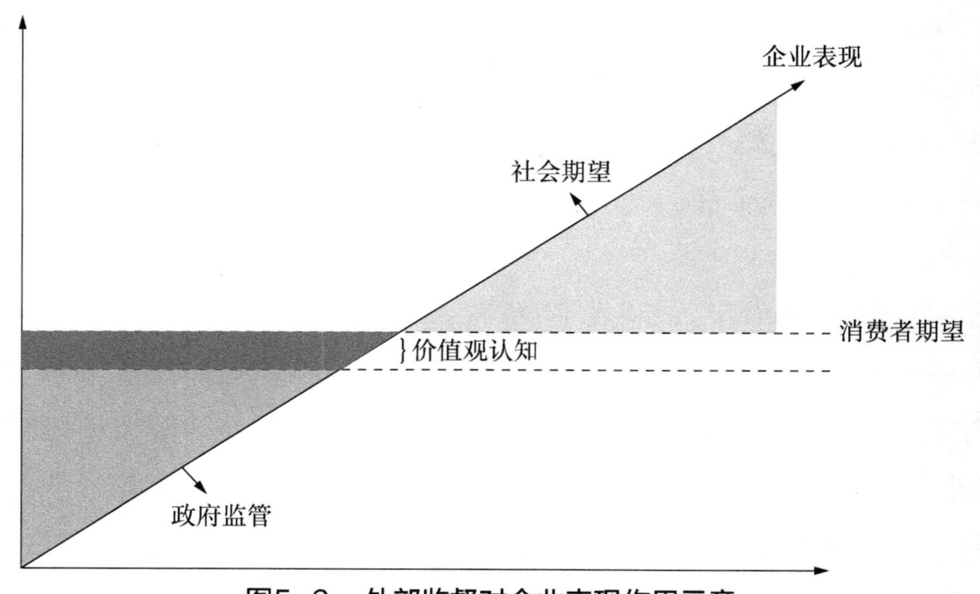

图5-3　外部监督对企业表现作用示意

2. 外部监督的中介作用机制模型

社会对CSR行为期望的满意程度很大部分来自利益相关者对CSR实际表现与利益相关者希望企业做出的社会责任表现之间差距的影响作用。近年来，有关外部利益相关者对CSR认可程度的研究受到越来越多的重视并呈逐年递增趋势，期望理论则被当作一种新的适用性理论方法被逐渐开发和应用于相关研究之中。期望理论指出，消费者在主观上对企业的产品、服务和CSR表现进行评判后，会隐性地与自身期望的企业在产品、服务与CSR方面的表现进行对比。参照学者Oliver在1980年创建的"期望一致性"模型（Disconfirmation of Expectations model）可知，消费者满意是在对比感知产品绩效与期望产品绩效后产生的。当消费者对产品的感知绩效超过自身对产品的期望时，消费者对产品感到满意；当消费者对产品的感知绩效低于自身对产品的期望时，消费者感觉不满意与失望。

同样，在CSR工作中，当消费者感知企业在CSR方面的表现超过自身对企业的期望时，消费者对企业感到满意；当消费者感到企业在CSR方面的表现达不到自身期望时，会对企业产生不满与失望。因此，一方面，消费者对企业的满意度变化会受到CSR表现水平的影响；另一方面，企业会不断接收来自消费者的真实评价从而做出适当变化，企业行为也会通过外部社会期望的作用最终影响企业CSR表现，使外部社会期望成为影响CSR水平的前导变量（Luo X.和Bhattacharya C. B.，2006）。

根据理论推导，当企业表现下滑至低于外部社会期望，差距达到消费者价值观认知边界以下时，外部社会期望将转变成公共压力，同时将受到由隐性转变为显性的政府监督的直接作用，从而对企业现实表现持续产生影响，在CSR的实际实施中起到举足轻重的作用（王慧，2005）。通常，政府监督主要通过相关CSR法律法规的制定及监管企业在政策法规上的实施的方式实现，主要体现在行业监督以及地域监督两个方面。需要特别强调的是，社会期望与政府监督并不是完全孤立的，而是相互依存、相互影响的。当企业CSR表现高于消费者期望标准，社会期望下的公众舆论与媒体报道会正面影响企业CSR表现，是其前导变量，此时，政府监督以外部隐性压力方式督促企业更好履行CSR工作；当企业CSR表现低于消费者满意程度，政府监督将直接影响企业CSR表现。同时，政府监督和信息公开也会刺激与加强社会公众监督与媒体报道的负面影响。

图5-4表示的是CSR履行实质性影响机制模型，模型体现了公司规模与行业竞争度对CSR履行实质性的影响关系以及社会期望和政府监督在影响机制中的中介作用。

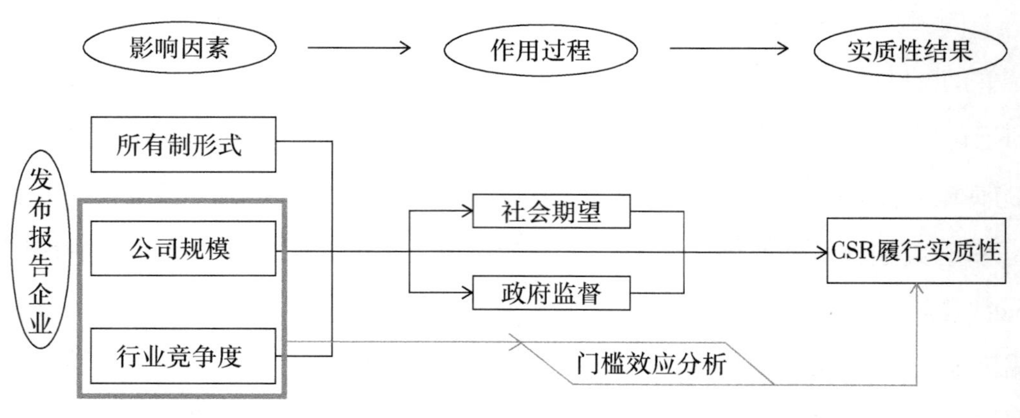

图5-4　CSR履行实质性影响机制模型

5.2　CSR履行实质性影响因素分析的研究假设

此研究阶段要分析的是，在企业已经发布CSR报告的情况下，CSR报告作为一种对外部的社会责任信息披露手段，其内容究竟在多大程度上反映了真实的社会责任履行情况，造成披露内容与真实履行情况不一致现象的影响因素有哪些，这些影响因素对CSR履行实质性的具体影响过程是怎么样的。

5.2.1　所有制形式与CSR履行实质性

通过文献分析发现，比较国有企业与民营企业两种所有制形式企业的社会责任表现的研究，认为国有企业的CSR表现好于民营企业的原因主要有：第一，相关研究更多关注企业所有者和经理的个人素质，认为民营企业所有者的企业社会责任意识往往相对较弱，只将责任重点放在特定的地点和人身上（Zhang，2011；Huang，2011；Song，2010；Wang，2006；Jiang和Wei，2005；Zhou和Linlong，2004）；第二，中国民营企业受自身能力所限，难以与国有企业、外商独资企业和国际跨国企业进行有力竞争，普遍存在规模较小、技术水平低、管理差等问题，以至于大多数中国民营企业承担不起更多的企业社会责任（Yu，2001；Wang，2006）；第三，民营企业不习惯承担企业社会责任。同时还认为，民营企业受到的关注较少，社会及政府监管者对民营企业参与社会责任的监管力度不强，对民营企业参与社会责任工作的表现关注较少（徐邹，2011；王伟，2006；姜伟，2005；周和林龙，2004）。

相关实证研究较少。如Li（2006）根据湖南省293家企业的数据，进行了单向方差分析，得出国有企业与民营企业相比社会责任表现明显好转的结论。郑海东（2016）在研究中设计评价体系，调研了15个行业的333家不同规模和所有制形式的企业发现，国有企业社会责任表现并没有像印象中的优于民营企业。因此本研究认为，民营企业社会责任工作比国有企业表现差的观点和理由并不完全令人信服。比如民营企业的业主和经理人的想法已经发生了很大的变化，越来越多的人意识到提高企业社会责任意识的必要性。此外，随着民营企业的继承者逐渐接管企业的运营，企业社会责任已经变得很容易被接受。

根据2007年“中国创业发展报告”，民营企业的企业社会责任意识已经不逊于国有企业，在探讨管理者对企业社会责任必要性观点的问题上，与国有企业相比，民营企业的八项测评中有六项更好。同时，在探讨管理者对利益相关者利益考虑的必要性的观点时，民营企业与国有企业相比，测评中有六项更好。陈旭东和余逊达（2007）研究了民营经济发达省份浙江省502个样本的CSR意识，认为民营企业对CSR和利益相关者的了解比国有企业更好，对员工、经济运行和残疾人的责任承认度高于国有企业。这为本研究的观点提供了证据，表明民营企业并不是只追求盈利，它们是具有企业社会责任感的现代组织，它们对当地经济的热爱和感激是其企业社会责任感的主要源泉。另外，虽然民营企业在初期承担不起更广泛的责任，但其在发展过程中已经积累了大量的实力和资金，民营企业的CSR表现，特别是慈善捐赠和服务有着显著发展。

此外，民营企业面对市场的激烈竞争时，受限制较少（陈旭东和余逊达，2007），在市场上生存的经验增加了民营企业发掘宝贵机会的能力，并且认识到企业如果希望获得可持续发展，必须成为对产品质量和客户利益负责任的企业。相比之下，国有企业并没有受到这种趋势或危机的影响，结果导致非经济目标可能随着经济目标的加强而变弱。国有企业和民营企业对CSR的反应，使二者间的差距越来越小。因此，不能断定民营企业在企业社会责任方面表现比国有企业差。

基于以往研究，认为大规模企业在社会责任工作方面优于小规模企业，提出如下假设。

H4：相比于民营企业，国有企业的企业社会责任履行实质性更好。

5.2.2　组织成本、公司规模与CSR履行实质性

1. 组织成本与公司规模对CSR披露的影响

已有学者开始注意到企业规模的变化能够对CSR表现的差异产生重大影响。首先，一个共识是，从整个公司层面来看，CSR产生的声誉可以应用于大公司的各个品牌产品或是旗下分公司之中。McWilliams和Siegel（2001）曾提出“企业级的社会责任相关广告所产生的商誉可以通过企业的各种品牌产品进行杠杆化”。从这方面来看，大公司的CSR披露效应收益应该高于小规模公司。同时他们还提出，大公司的外部社会责任披露的平均成本相对较低，因为大公司通常比小公司拥有更多的资源。比如与小规模公司相比，更加丰富的媒体资源，众多下属部门、子公司和子品牌的宣传窗口，更高的媒体关注度都有利于大公司宣传自身CSR。

小公司与大公司相比资源较少，在CSR披露上较为弱势。Bowen（2014），Delmas和Burbano（2011）对大公司CSR的外部沟通和象征性印象管理活动的研究也支持了上述观点。同时，鉴于大多数大公司的知名度越来越高，外部利益相关者的压力越来越大，使得这些企业在CSR参与方面的工作变得越来越透明化（Chiu和Sharfman，2011），CSR报告的复杂程度已经成为许多大规模公司CSR战略的重中之重（Castelló和Lozano，2011；Du，2010）。

事实上，实证研究结果表明，自愿性质的CSR披露可以降低企业在大众媒体和投资者监督下的上市公司的股权资本成本（Dhaliwal，2011），这就使得大规模公司更加有积极性将CSR工作的重心放到回报性价比较高的CSR披露工作中。与此同时，大型企业还可以通过建立一个处理外部公关事务的CSR部门，负责通过CSR表现向外界传递企业履行社会责任活动的相关信息，通过披露报告、召开发布会、媒体宣传等方式，能够相对容易地构建大规模企业外部良好的CSR印象（Siegel和Vitaliano，2007）。最重要的是，因为消费者和其他利益相关者群体往往很难评估企业的真实社会绩效，所以大公司可以利用内部流程和与外部印象之间的信息不对称，通过此种方式达到降低实际社会责任工作成本，提升外部社会责任披露效果的商业目的。

与此同时，实证研究结果也表明，市场对那些详细报告企业社会责任流程的企业（如承诺或公开声明将提升环境绩效），比对披露企业社会责任成果的企业（如有效减少排放）往往给予更高的财务回报（Delmas等， 2013）。这等于进一步“鼓励”了那些信息不对称的大型公司的社会责任失真披露，无形中形成了一种市场价值观的误导，使这些企业将注意力更多放到成本相对低的CSR披露，而忽略成本相对高的CSR履行工作。例如，很多大公司致力于参与提升“联合国全球契约”和“道琼斯可持续发展指数”，这些行为被认为只是“公共关系演习”的举措，而没有实施实际承担社会责任的行动（Berliner和Prakash，2015）。

从战略视角来看，大型公司通常将重点放在比社会责任履行更容易获得财务报酬的社会责任披露上，相比之下，较小规模的公司通过遵循正式的指导方针或标准对CSR进行披露或与公众沟通的成本相对较高，只能选择履行社会责任工作却无法获得相匹配的披露收益的CSR参与方式。所以，尽管全球报告倡议组织（GRI）努力吸引更多小规模的公司参与，但只有少数小公司按照GRI的标准进行报告。小公司的员工数量较少，信息可以更容易地在整个组织的非正式环境中共享和讨论，而且领导者的影响比大公司更为直接和普遍，员工可以直接与CSR角色模型进行互动，这也是造成小公司只在履行层面完成社会责任工作的原因。

大型公司管理者一般受制于股东和投资者的压力，在做任何决策时都会将公司利益放在第一优先次序，不能完全自主，这也可以解释为何大公司更注重回报率更好的CSR披露而不是真实的CSR履行。与之相反，通常规模较小规模的公司面临的投资者压力也相对较小，可以更加自由地将资源用于对社会负责的商业行为（Jenkins，2014）。

在CSR披露方面，与大公司不同的是，小型公司更倾向于采用非正式的个性化机制来与利益相关方进行互动（Fassin，2008）。因此，与特定群体或是高度密切利益相关者的沟通通常是基于面对面的交流，而不习惯于利用CSR报告这样的正式文书（Lähdesmäki，2012）。同时，不同的管理经营习惯和可利用资金方面的差异，即组织成本的差异也决定了小规模公司不太会聘请专业机构代为撰写完善的CSR报告。这也是相较于大公司而言，小规模公司的CSR披露工作不尽如人意的原因之一。

可以初步得出的结论是，企业在CSR参与的过程中，组织成本往往随着企业规模的增大而增加。大公司通常将重点放在CSR披露方面，同时避免相对高昂的CSR履行成本。小规模公司由于较低的披露收益以及相对高的披露成本，在CSR披露上的表现并不比其在CSR履行方面的表现好。

2. 组织成本与公司规模对CSR履行的影响

从企业内部分析CSR参与过程发现，在CSR履行的过程中需要企业内部多个部门的协调配合来共同完成CSR相关工作。以组织成本视角分析，可以很好地展现影响CSR履行的内部因素。

根据“递减控制法”，一个组织规模越大，对其内部控制的力度将会越弱（Downs，1966），从总部影响整个公司的活动会变得越来越困难。具体而言，从大型组织的总部下派的管理任务（如由CSR部门制订CSR管理政策），通常需要组织将权力逐步下放到各职能部门（如采购、生产、销售等），在这一过程中将不可避免地产生成本和出现影响力下降的情况。因此大型公司的实际CSR履行情况将与原计划相比有所下降。此外，由于组织高层管理人员有限的监督能力，企业规模的扩大将不可避免地导致总部对部门或分部的控制力减弱，而提升这种控制力，必然需要额外成本。信息在企业内部传递过程中的不对称降低了信息的质量和一致性，需要通过成本较高的控制办法来弥补，如采取监管、部门重组等管理监督手段。

同样，由于大规模公司管理复杂性增加，为了确保有效运营，企业内部对不同活动的协调成本也会增加（Delmas和Toffel，2008）。对于大公司的CSR部门来说，应用控制弥补办法的组织成本相对较高，但好处在于此方法有助于确保相关政策和指导方针在功能部门的组织实践中得到理解和实施。因此，企业内部的CSR运行过程表明，在实际履行社会责任的过程中，公司规模越大，组织内部成本花费越高，而底层执行社会责任工作的力度则会逐渐减弱。Haack等（2012）、Wickert和Bakker（2015）在研究后表示，大规模企业的高管层在指导和实施社会责任行动的过程中，相应业务部门的员工都提出接受新工作时存在困难并产生抵制。这就说明大公司在执行CSR工作过程中，内部协调已经变得越来越复杂，需要耗费更多的组织管理成本进行内部维护。因此，可能存在的情况是，在大规模公司层面，由于组织内部在管理、监督和协调方面的困难和高昂的成本等原因，在真实的CSR履行过程中并不能完全实施高层制订的规划，会出现披露全面、履行片面的现实情况，这就与公众认为大规模公司CSR表现通常更好的传统印象产生了背离。

在本研究过程中，通过逐一阅读与分析连续四年中国上市企业发布的CSR报告，发现部分大型公司确实存在CSR履行表现不尽如人意的情况。针对这种情况有研究分析指出，其原因在于虽然大规模公司通常会广泛地披露和传递自身企业的CSR表现，但在实际履行过程中往往会出现履行比披露严重滞后的情况（肖红军等，2015）。一方面原因在于大规模公司如果按照公开向社会披露的社会责任行为如实履行，其成本是十分高昂的。因为大公司通常下属较多子公司，全部履行相应的CSR工作将承担很高的组织成本，现实中很难全面实施。另一方面的原因是在“指令传输”的过程中（Bartlett，1932），跨越连续层级所传达的信息将会失真，导致在大公司中出现内部利益相关者（员工和管理层）之间信息不对称的情况。Siegel和Vitaliano（2007）也提出这种情况在较大规模公司发生更为普遍。所以，很多大公司在实际的CSR履行上并不能与其对社会公众披露的完全一致。

与之相反的是，一些小规模公司的CSR真实履行情况往往打破公众的传统印象。在公司日常的经营过程中，管理者可以更容易地将信息传递给员工，员工的意见和想法也可以更容易地被管理层听到（Darnall等，2010），因此小规模公司在执行力方面的情况应好于大规模公司。

近年来学者们也通过实证手段研究证明了小规模公司同样可以出色完成社会责任工作，具有较好的社会责任表现（Brammer等，2012；Wickert，2014；Hoogendoorn等，2015）。由此可以发现，CSR的组织成本是随着公司规模的增加而增加的，企业对CSR履行的实际情况受公司规模的影响程度很大。但特别需要注意的是，上述分析中提到的大规模公司与小规模公司在CSR履行方面的优劣都是基于社会及公众的传统印象而言的。

如上所述，大规模公司在CSR履行方面与传统认知有出入，因为与耗费组织成本较低的外部公众沟通和象征性印象管理相比，CSR履行成本相对较高。这种结论基于企业中控制和协调的集中活动（CSR披露）的成本相对低于控制和协调的分散活动（CSR履行）的成本。

相比之下，小规模公司内部组织层级较为简单，组织内部信息传递更加简便、高效，因而小规模公司在CSR履行方面的内部组织成本消耗十分有限，公司有足够能力承担这一部分花费。但如果小规模公司选择将其CSR履行信息对外披露，通常需要组织专门的人手或成立专门的部门完成此项工作，还可能涉及信息发布场地的租赁与协调媒体资源的相关成本，与企业自身规模下的盈利绩效和可自由支配资金相比，CSR对外披露产生的公共沟通成本相对较高。因此，小规模公司可能会认真完成CSR履行工作，但受自身资源所限在社会责任披露方面的工作并不理想。

基于上述分析，本研究提出如下假设。

H5a：公司规模对企业CSR履行实质性产生正向影响。

H5b：大规模企业中，企业CSR履行实质性水平随规模的增大而提升。

H5c：小规模企业中，企业CSR履行实质性水平随规模的增大而降低。

5.2.3　行业竞争度与CSR履行实质性

在以组织成本视角解释行业竞争度对社会责任影响的过程中，我们可以将行业分为垄断性行业和竞争性行业。基于此，对社会责任影响的成因可以主要从两个方面来看待：第一，在垄断程度较高的行业，企业可以凭借垄断地位或市场势力，如更加自由地决定出售价和采购价等手段，比较容易获得很好的经济效益，从而有更多支付组织成本花费的空间，因此更有基础履行良好的社会责任（杨忠智和乔印虎，2013）；第二，常磊等（2010）在研究中指出，垄断性企业不应该只进行和一般企业一样的社会捐赠，更应该积极主动建立完善的现代企业管理制度，更加公开与透明地接受社会大众的监督与建议，对社会各利益相关者群体积极负责。垄断性行业通常是具有稀缺资源或与民生息息相关的行业，这些行业通常直接关乎国家的安全与稳定发展，比如电力、能源、水利、通信等行业。

与垄断相对立的是激烈的市场竞争。在激烈的市场竞争中，企业是以经济责任与股东利益最大化为最高目标的组织单位，这一目标天生就会阻碍企业社会责任工作的发展，所以支持企业契约理论的学者与高管坚持，现代企业是以追求利益最大化为发展核心的，这种股东至上应超越企业对社会责任的追求（Jensen，2002）。另外，许多与企业社会责任相关的实证研究也认为，与财务状况良好的公司相比，财务状况较差的公司更加没有能力按照传统社会责任要求对外部利益相关者负责（Margolis，2001；Orlitzky等，2003）。根本原因在于，企业能够支配的“冗余资源”远远无法达到能够切实有效地向利益相关者履行社会责任的水平（Waddock和Graves，1997）。况且，在高竞争度行业中，企业输出产品的毛利率相对较低，企业可以从经营中获取的闲置资源很少，资源松弛程度要比行业竞争不激烈的企业低很多。资源约束理论认为，资源约束能够改变企业获取和使用资源的方式，促使企业管理者提升资源的配置效率（Leibenstein，1980），继而实现比闲置资源丰富企业更好的财务绩效（Pricer和Nenide，2000）以及更有效的融资方式（Baker等，2003）。也就是说，在高竞争性行业，资源约束会限制企业管理者对社会责任的过度投入。另一方面，在竞争激烈的行业中，企业参与经济活动获取利润的水平十分有限，较低的经济收益可能使股东价值与企业生存无法得到保障，企业为了获取利润维持生存，会降低产品质量、节约成本开支，甚至发生以次充好、欺骗消费者等不符合社会责任的行为，市场经济活动就会向低成本趋势发展，导致产生“低成本竞争”经济现象。究其根本就是因为竞争行业的利润空间较小，能够支付的组织成本相对较低，能够用于社会责任的成本不能使企业履行社会责任（杨璠，2015）。

至此，加入行业竞争度属性后，探究不同行业属性CSR披露与履行表现的差异状况，可以更加清晰地理解不同行业企业社会责任工作的发展趋势。基于上述分析，提出如下假设。

H6a：行业竞争度对企业CSR履行实质性产生正向影响。

H6b：相比垄断性行业，竞争性行业对CSR履行实质性的影响程度更高。

5.2.4　外部监督的中介作用

研究过程中发现，企业社会责任概念本身便是伴随着社会对企业提出的期望产生的，这里的社会期望指社会大众对企业的期许和要求（佐藤孝弘，2008）。虽然不同时期的研究人员都给出了对企业社会责任的确切解释，但很容易发现，在相关定义中经常出现“应该承担”“需要满足”等表述，这就可以理解为企业除了要承担自身与生俱来的经济责任外，同时社会公众还期望企业能够积极解决外部社会问题、承担利益相关者责任，全部综合起来就是现在所理解的企业社会责任概念。

以Strier和Sethi为代表的学者提出，企业社会责任理念基于企业外部社会群体与利益相关者的期望而产生，核心内涵就在于这种期望来源于企业外部并以某种形式赋予企业积极参与的义务。在研究中发现，这种来源于企业外部的力量通常表现为社会对企业的期望，或是外部舆论对企业的压力。研究发现媒体的关注与舆论的导向能够对企业社会责任表现产生显著影响，有关企业的负面性质的报道往往会引发社会更多的关注与讨论（陶文杰等，2012）。研究人员与企业管理者开始越来越关注企业外部利益相关者群体对企业社会责任表现的影响力，并从现实中深刻感受到切实有效履行企业社会责任能够促使企业与利益相关者共同受益（Blair，1995）。媒体作为社会舆论的窗口起到至关重要的作用，不仅可以通过舆论直接影响企业社会责任表现，还可以在企业与利益相关者间起到重要的导向作用（贾兴平等，2016）。在现实市场经济活动中，媒体与社会公众对规模越大、知名度越高的企业的监督与期望程度往往越高，对其在解决社会问题与承担社会责任方面的表现要求也就越高。

企业外部的利益相关者数量众多，而消费者往往以个人为单位，在这种情况下，公众对企业的意见与期许很难形成合力被广为传达并引起企业的重视。公众意见分散，很难被企业捕捉到，即便企业重视这种与个人的信息交换，对这种信息的获取过程也过于困难和漫长，而且如果企业无法敏锐捕捉公众意见，持续发酵后很可能产生极为不良的影响而使企业声誉与社会权益受损。针对此种情况，需要更为直接、高效的沟通渠道进行企业与社会公众的信息传递。媒体作为公众合力的聚拢者与社会监督的实施主体，具有承担这一沟通职责天然的优势。同时，规制理论认为，除企业内部管理促使企业履行社会责任工作外，外部利益相关者或社会机构的有效监督能够对企业社会责任水平提升起到有效作用。由此可见，在促使企业认真参与社会责任的过程中，外部媒体为社会公众舆论起到重要的中介传输作用，媒体机构成为一种重要的中介执行媒介（李志强，2012）。更多学者研究发现，公众舆论导向能够显著影响企业的社会责任表现水平（徐珊等，2015），而媒体在监督企业社会责任表现与信息传递过程中更是起到至关重要的作用（贾兴平，2014）。甚至，媒体机构的监督与外部社会的舆论导向还能够影响企业在社会责任参与方面对利益相关者的投入偏重（Scherer等，2013）。由此可以认为，外部利益相关者的个体舆论很难形成合力对企业发挥作用，而媒体机构的中介传递可以使公众意见形成舆论导向，最终从企业外部形成可以影响现实企业社会责任表现水平的社会监督力量。

以上众多研究都表明，社会期望作为重要的外部变量形成的压力可以影响企业社会责任的最终表现情况。也就是说，在以企业社会责任表现差异，即履行实质性水平为因变量研究其影响动因的过程中，社会期望对企业真实履行社会责任行为起到了至关重要的促进作用。基于上述分析，提出如下假设。

H7a：社会期望在所有制形式与CSR履行实质性的影响关系中起中介作用。

H7b：社会期望在公司规模与CSR履行实质性的影响关系中起中介作用。

H7c：社会期望在行业竞争度与CSR履行实质性的影响关系中起中介作用。

除社会监督外，政府与实质性的社会责任也有密不可分的联系。Meyer和Rowan早在1977年就在研究中指出，企业对政府的回应可能因政府监管的力度不同而产生不同程度的差异，常见的现象就是“脱钩”。也就是说，企业可能因为政府监督的不足而选择象征性地履行社会责任但不做出实质性的行为。企业也因此会通过宣传一些实际上并没有采取的行动来回应利益相关者的需求（Westphal和Zajac，2001），而利益相关者又通常不会去仔细审查实际的实施情况（Zajac和Westphal，2004）。在此情况下，就更为迫切地需要加强政府监督力度来规范与约束企业真实地履行社会责任工作。研究表明，政府监督能够使劳动力条款的实施率更高（Dobbin等，2010），能够使企业在环境责任方面表现得更加自律（Short和Toffel，2010），更加容易监控和监管公司治理情况（Okhmatovskiy和David，2012），以及促进企业在社会责任披露方面更加真实地反映其社会责任履行情况（Marquis，2016）。因此本研究认为，社会责任活动被政府监管的力度越大，企业更有可能参与实质性的社会责任活动。基于此，提出如下假设。

H8a：政府监督在所有制形式与CSR履行实质性间的影响关系中起中介作用。

H8b：政府监督在公司规模与CSR履行实质性间的影响关系中起中介作用。

H8c：政府监督在行业竞争度与CSR履行实质性间的影响关系中起中介作用。

5.3　本章小结

本章在回顾影响CSR履行实质性相关理论的基础上，深入分析出现CSR披露与履行表现不一致现象的原因，即CSR履行实质性影响因素，突破性地使用组织成本理论，从企业内部视角对相关关键变量影响CSR履行实质性的过程机制进行深入研究。除此之外，还从外部期望理论与公共压力的角度，讨论了社会期望与政府监督在影响CSR履行实质性过程中起到的中介作用。研究基于组织成本理论、期望理论与行业竞争视角，创建了CSR履行实质性影响作用机制模型，并且针对研究问题提出相应假设。本章意图通过理论分析构建研究模型，解答影响CSR履行实质性前因问题中“为何造成CSR披露与履行不一致”与“关键变量影响CSR履行实质性具体过程”两大问题，以此深入探讨和揭露当前CSR领域前因问题研究中的“黑箱”。

第6章

CSR履行实质性影响研究的实证检验

本章为针对CSR履行实质性影响研究的实证检验部分，主要包含变量设计、样本选择、数据收集与实证模型设计等方面的内容。具体而言，本章首先根据前文的研究假设对所提出的相关变量进行定义与设计，随后说明每一个变量的选取依据与数据来源，同时也会详细介绍样本企业的基本特征，介绍数据的收集工作，最后通过F检验、LR检验与Hausman检验确定模型形式，构建面板数据实证研究模型进行相关实证检验工作。

6.1 样本选择与变量设计

针对CSR履行实质性影响因素分析问题，为了避免研究数据存在时间序列的自相关效应，同时兼顾CSR报告发布的数量和质量因素，本研究选取2015至2017年中国制造业上市公司中已发布CSR报告的企业为研究样本。

剔除ST和*ST类公司、剔除相关财务数据反映不全面或不连续的公司、剔除运用R语言寻找离散点分析删除的公司，最终得到研究观测样本290家制造业上市企业进行实证研究分析。企业的基本信息及其他统计结果均从权威数据库国泰安（CSMAR）和Wind数据库导出。

1. 因变量

本阶段研究的主要焦点为已发布报告企业的CSR履行实质性。由于CSR报告的履行实质性是对报告中所描述的CSR活动的总体评级，因此研究选取润灵环球社会责任评级中的代表性结果作为因变量的实证数据。RKS社会责任评级与美国社会责任评级机构Kinder，Lydenberg，Domini（KLD）一样，是完全独立于企业之外的权威第三方评级机构，其所评价的是企业社会责任报告中提到的所有企业活动，所收集的数据均来自上交所官网与巨潮资讯网上市公司信息披露专栏以及企业在官网和新闻稿中公布的真实信息。

RKS评级系统对CSR报告中的企业活动评价包含三个方面：其一，“总体评价”涉及企业的社会责任战略，利益相关者参与企业社会责任活动的程度，报告信息随时间的可比性、可信度与透明度，CSR活动的创新性以及外部审计的程度；其二，“内容评估”侧重于实施企业社会责任的领导和组织系统的范围以及经济、环境和社会责任相关的集体指标；其三，“技术评估”涉及评价报告的编写规范、表达形式和可用性等项目。三个维度包含16个一级指标和70个二级指标（指标列表可从作者处获得）。在评价过程中，每家企业的相关报告由至少三名RKS专家评估，每名专家至少有三年的CSR经验，并且保证与焦点公司没有利益关联。鉴于本研究对CSR报告履行实质性这个因变量的考察是评估CSR报告作为一种信息披露在多大程度上反映真实的企业社会责任活动，在考虑了现有全部CSR评价方法以及保证数据同源性的情况下，最终选择Marquis与Qian（2014）的研究中使用的数据方案，使用RKS综合评价体系（所有三个维度）中“整体评价”与“内容评估”两部分的综合结果作为CSR报告履行实质性数据上的替代变量进行实证研究。

Marquis与Qian在研究中选取五个得分最高和五个得分最低的公司，对其报告的披露信息与实质履行活动进行验证，结果显示，高分企业确实有关于公司CSR活动的详细信息，低分企业只是简要笼统地讨论了公司的CSR活动。同时还检查了每家企业的RKS评级与报告履行实质性外的其他指标之间的相关性，为测量结果提供了收敛效度。除以上方法外，还采访了两家专业CSR咨询公司（一家中国公司和一家国际公司）中制作CSR报告的顾问，向他们详细展示了RKS评价系统的方法，并询问他们是否认为该方法的结果能够作为评价企业社会责任履行实质性的可靠指标，两家公司的专家都认为，由于所测量项目的特殊性，可以肯定更高的分数代表更好的企业社会责任活动的实施。因此，RKS数据方法可以成为企业社会责任履行实质性的有效代表。

2. 自变量

（1）企业性质：与上一组研究相同，剔除公司成分为“其他”的企业五家，剩余企业国有企业赋值为1，民营企业赋值为0。

（2）公司规模：在公司金融实证研究中，公司规模通常是一个重要的基本特征，通常选用总资产或员工人数来表示，不同的度量可以捕捉公司规模的不同方面，因此具有不同的含义。同时，不同公司规模变量的选择会影响回归方程的拟合优度以及对应自变量的符号和显著性（Dang等，2018）。本研究选用组织成本理论进行分析，因此选用员工人数作为衡量公司规模变量的数据。

（3）行业竞争度：行业竞争度变量依据马玎等（2016）学者的方法，运用赫芬达尔指数反映特定市场竞争和垄断程度，每家企业的赫芬达尔指数精确表示到四字行业代码分类，计算公式如下。

$$HHI=\sum_{i=1}^{N}(x_i / X)^2 \quad (6.1)$$

其中，Xi指公司i年的主营业务收入；$\sum x_i$为公司所在行业的所有上市公司的主营业务收入之和。HHI值越大，说明行业集中程度越高，企业在市场中的垄断或主导地位较高；HHI值越小，一个行业内相同规模的企业就越多，该企业的市场竞争力相对较弱。

3. 中介变量

（1）社会期望：研究发现企业外部社会的压力与舆论导向能够显著影响

企业在社会责任方面的现实表现；且媒体的一些负面报道有时能够引发更为广泛的社会关注（陶文杰等，2012）。在这里，媒体的舆论特点不仅能够直接影响企业社会责任的表现，同时还可以调节影响与企业相关联的其他利益相关者的社会责任行为（贾兴平等，2016）。由于利益相关者数量众多且分散，很难形成合力并将意见传递给企业，所以利益相关者往往采取独立发声、碎片化评价等方式对企业进行个体期望的表达。但是这种方式不仅耗时较长，而且很难传播并得到企业的反馈，因此，通常分散的意见会被媒体集中并传达给企业。这种外部机构实施监督的方式，可以更好地敦促企业在社会责任表现上达到利益相关者要求的水平。鉴于此，本研究的中介变量选取媒体关注度代表社会期望。Byun和Oh（2012）在研究中运用媒体对企业生产经营活动过程中产生的社会影响作为企业社会责任知名度方面的替代变量，用以代表媒体对企业履行社会责任的关注度。陶文杰和金占（2012）对权威报纸对企业经营活动的报道量进行统计，对报道中企业履行社会责任等关键词进行检索，获得第三方对企业行为的客观评价。李培功和沈艺峰（2010）在测量媒体关注度时，考虑报纸相关报道的真实性与客观性，选用报纸上有关企业报道的数量来衡量媒体关注度这一指标。本研究借鉴以往文献中的研究方法，以涵盖618种地市级以上报纸的中国知网（CNKI）的“中国重要报纸全文数据库”相关数据表达媒体关注度变量，主要通过手工方式进行数据收集录入。考虑部分负面新闻可能存在虚假性，研究选取非负面报道进行数据统计。为了保证数据分布的正态性，本研究采用“1+媒体报道次数”的自然对数来衡量媒体关注度。

（2）政府监督：在外部监督过程中，除媒体关注与公众舆论产生的对企业监督外，来自政府部门的相应监督更能有效控制和督促企业履行真实的社会责任活动。以往研究往往只考虑整体制度层面的企业行为，Hillman，Keim和Schuler（2004）在研究公司的制度环境及其采取的政治策略时只考虑中央或国家层面，而对国家内部不同地域的制度变化如何影响企业政治战略的关注有限。Young等（2008）却明确指出，不同地域的制度变化对企业发展尤为重要，同时表示未开发的制度基础环境会给当地企业带来极大的挑战。发达地区的政府在发展过程中积累了大量的财政资源，引入了更先进的管理技术，使其更有可能在拥有资源的同时也拥有更多监控企业活动的专业知识（Brandt和Li，2003；Goldstein，1995）。因此，本研究预计较发达地区的企业将发布更多具有履行实质性的CSR报告。这也与之前Walder（1995）等人的研究结果一致，表明经济发展与地方政府的发展高度相关。在测量政府监督变量过程中，借鉴Marquis与Qian（2014）等人的方法，用各省的人均生产总值（地区生产总值/地区总人数）代表区域监督制度的发展，相关数据从国家统计局相应年份的《中国统计年鉴》中获得，企业总部所在地信息来源于CSMAR数据库。

4. 控制变量

本研究中控制了可能影响CSR报告履行实质性的其他变量。

（1）每股收益（EPS）：即目标企业的每股收益，又称每股税后利润、每股盈余。EPS反映公司的盈利能力，是预测企业成长潜力的重要财务指标。每股收益越高，代表企业财务状况越好，可用于企业社会责任方面工作的条件越成熟（韩洁等，2015）。数据来源于CSMAR数据库。

（2）总资产净利率（PRA）：即目标企业的净利润与平均资产总额的百分比，反映公司运用全部资产获得利润的水平。数据来源于CSMAR数据。

（3）企业年龄（Age）：代表变量为企业发展的年限。成立时间越久的公司，越注重自身的企业形象与客户满意度，其履行社会责任的行为会越容易得到各方利益相关者的认同，因此企业年龄是一项与企业社会责任实践密切相关的控制变量。

（4）独立董事比例（Indep）：计算方法为独立董事人数/董事会总人数。已往研究文献认为企业内部独立董事所占比例越大，对企业管理层的监督会越有效，越有可能减少管理层的机会主义行为（Fama和Jensen，1993），因此独立董事比例对企业真实履行社会责任具有一定的监督作用。张珑（2010）也指出，独立董事更能从中小股东和其他利益相关者角度对董事会和企业管理层人员的投资决策与经营管理进行客观、公正的评价，更有助于提高公司的治理水平。参考以上分析内容，将独立董事比例作为本研究控制变量参与实证研究。

具体如表6-1所示。

表6-1　研究变量定义与测量

变量名称	简称	定义与解释	测量方法	数据来源
因变量				
CSR履行实质性	CSR_Sub	CSR报告作为披露信息在多大程度上反映了真实的社会责任履行	RKS-MCT社会责任评级系统“整体评价”与“内容评估”	润灵环球
自变量				
企业性质	Nation	鉴别企业的所有权与控制权	虚拟变量，国有企业为1，民营企业为0	CSMAR数据库
公司规模	ESize	用员工人数表示公司规模的大小	企业当期员工总人数	Wind数据库

续表

变量名称	简称	定义与解释	测量方法	数据来源
行业竞争度	HII	用赫芬达尔指数代表企业在其所在行业的竞争力程度	$HHI=\sum_{i=1}^{N}(x_i/X)^2$ Xi指公司i年的主营业务收入；Σx_i为公司所在行业的所有上市公司的主营业务收入之和	Wind数据库
中介变量				
社会期望	LnSEM	媒体对目标企业的关注程度	通过检索手工录入相关报纸有关企业报道的数量	中国重要报纸全文数据库
政府监督	Local_GDP	用企业所在地的经济发展代表政府制度的发展程度	企业所在地省份的人均生产总值	中国统计年鉴
控制变量				
每股收益	EPS	EPS越高，代表企业财务状况越好，可用于企业社会责任工作的条件越成熟	EPS=期末净利润/期末总股本	CSMAR数据库
总资产净利率	PRA	反映公司运用全部资产获得利润的水平	PRA=净利润/平均资产总额	CSMAR数据库
企业年龄	Age	企业发展的年限		Wind数据库
独立董事比例	Indep	独立董事占据董事会人数的比例	独立董事比例=独立董事人数/董事会人数	Wind数据库
观测年份	Year	年份虚拟变量集		CSMAR数据库

6.2 模型设计

本研究为检验CSR履行实质性的影响机理，设计了一系列模型，包括随机效应模型、固定效应模型、门槛效应模型等用于实证检验。

1. CSR履行实质性影响因素分析实证模型

为验证企业自身各项特征对CSR履行实质性的影响，本研究构建了如式（6.2a~6.2c）所示的实证研究模型。其中，模型的因变量为CSR履行实质性（CSR_Sub）。自变量包括：企业性质（Nation）、公司规模（ESize）与行业竞争度（HII）。控制变量包含：每股收益（EPS）、总资产净利率（PRA）、企业年限（Age）与独立董事比例（Indep）。

模型12：$CSR\_Sub=+\alpha_1+\alpha_2 Nation+\alpha_3 EPS+\alpha_4 PRA+\alpha_5 Age+\alpha_6 Indep+\varepsilon$ (6.2a)

模型13：$CSR\_Sub=\alpha_1+\alpha_2 ESize+\alpha_3 EPS+\alpha_4 PRA+\alpha_5 Age+\alpha_6 Indep+\varepsilon$ (6.2b)

模型14：$CSR\_Sub=\alpha_1+\alpha_2 HII+\alpha_3 EPS+\alpha_4 PRA+\alpha_5 Age+\alpha_6 Indep+\varepsilon$ (6.2c)

2. 社会期望中介效应模型

为验证社会期望相关变量对CSR履行实质性影响过程中的中介作用，本研究构建了如式（6.3~6.5）所示的实证研究模型。在对中介变量进行检验时，选择最常用也是最经典的方法，即Baron和Kenny（1986）提出的三部曲验证法：第一，检验自变量影响因变量；第二，检验自变量影响中介变量；第三，在控制中介变量后，检验自变量对因变量的影响是消失了，还是明显减小了，消失说明自变量对因变量没有显著的预测效果，则社会期望为“完全中介”，减小说明自变量对因变量仍有显著的预测效果，则社会期望为“部分中介”（高日光，2009）。政府监督（模型21~26）的中介检验方法与此相同。

模型15：$In\ SEM=\alpha_1+\alpha_2 Nation+\alpha_3 EPS+\alpha_4 PRA+\alpha_5 Age+\alpha_6 Indep+\varepsilon$ (6.3a)

模型16：$CSR\_Sub=\alpha_1+\alpha_2 Nation+\alpha_3 InSEM+\alpha_4 EPS+\alpha_5 PRA+\alpha_6 Age+\alpha_7 In\ dep+\varepsilon$ (6.3b)

模型17：$In\ SEM=\alpha_1+\alpha_2 ESize+\alpha_3 EPS+\alpha_4 PRA+\alpha_5 Age+\alpha_6 Indep+\varepsilon$ (6.4a)

模型18：$CSR\_Sub=\alpha_1+\alpha_2 ESize+\alpha_3 InSEM+\alpha_4 EPS+\alpha_5 PRA+\alpha_6 Age+\alpha_7 Indep+\varepsilon$ (6.4b)

模型19：$In\ SEM=\alpha_1+\alpha_2 HII+\alpha_3 EPS+\alpha_4 PRA+\alpha_5 Age+\alpha_6 Indep+\varepsilon$ (6.5a)

模型20：$CSR\_Sub=\alpha_1+\alpha_2 HII+\alpha_3 InSEM+\alpha_4 EPS+\alpha_5 PRA+\alpha_6 Age+\alpha_7 Indep+\varepsilon$ (6.5b)

3. 政府监督中介效应模型

模型21：$Local\_GDP=\alpha_1+\alpha_2 Nation+\alpha_3 EPS+\alpha_4 PRA+\alpha_5 Age+\alpha_6 Indep+\varepsilon$ (6.6a)

模型22：$CSR\_Sub=\alpha_1+\alpha_2 Nation+\alpha_3 Local\_GDP+\alpha_4 EPS+\alpha_5 PRA+\alpha_6 Age+\alpha_7 Indep+\varepsilon$ (6.6b)

模型23：$Local\_GDP=\alpha_1+\alpha_2 ESize+\alpha_3 EPS+\alpha_4 PRA+\alpha_5 Age+\alpha_6 Indep+\varepsilon$ (6.7a)

模型24：$CSR\_Sub=\alpha_1+\alpha_2 ESize+\alpha_3 Local\_GDP+\alpha_4 EPS+\alpha_5 PRA+\alpha_6 Age+\alpha_7 Indep+\varepsilon$ (6.7b)

模型25：$Local\_GDP=\alpha_1+\alpha_2 HII+\alpha_3 EPS+\alpha_4 PRA+\alpha_5 Age+\alpha_6 Indep+\varepsilon$ (6.8a)

模型26：$CSR\_Sub=\alpha_1+\alpha_2 HII+\alpha_3 Local\_GDP+\alpha_4 EPS+\alpha_5 PRA+\alpha_6 Age+\alpha_7 Indep+\varepsilon$ (6.8b)

4. 行业竞争度对CSR履行实质性影响的门槛效应模型

为检验企业在不同行业竞争度情况下对CSR履行实质性更为复杂的“门槛效应”特征，本研究构建了如式（6.9）的实证分析模型。当R(i)门槛变量取值小于μ时，HIIq前系数取θ_1，当R(i)门槛变量取值大于μ时，HIIq前系数取θ_2。其中，模型的因变量为CSR履行实质性（CSR_Sub）。控制变量包括：每股收益（EPS）、总资产净利率（PRA）、企业年限（Age）与独立董事比例（Indep）。

模型27：$CSR\_Sub=\theta+\alpha_1 EPS+\alpha_2 PRA+\alpha_3 Age+\alpha_4 Indep+\theta_1 ESize[R(i)\leqslant\mu]+\theta_2 HIIq[R(i)\geqslant\mu]+\varepsilon$ (6.9)

5. 企业规模对CSR履行实质性影响的门槛效应模型

为检验企业在不同规模情况下对CSR履行实质性的“门槛效应”特征，本研究构建了如式（6.10）的实证分析模型。当R(i)门槛变量取值小于μ时，ESize前系数取θ_1，当R(i)门槛变量取值大于μ时，ESize前系数取θ_2。其余变量情况与上一模型相同。

模型28：$CSR\_Sub=\theta+\alpha_1 EPS+\alpha_2 PRA+\alpha_3 Age+\alpha_4 Indep+\theta_1 ESize[R(i)\leqslant\mu]+\theta_2 ESize[R(i)\geqslant\mu]+\varepsilon$ (6.10)

6.3　CSR履行实质性影响研究的实证分析

6.3.1　描述性统计分析

表6-2显示了相关变量影响CSR履行实质性过程中，各样本数据的相关特征以及描述性统计。在此阶段研究中，样本选择了上阶段中国制造业上市公司已经发布CSR报告的企业，以2015至2017年三年数据为研究样本，剔除ST企业、相关数据缺失企业，运用离散点分析筛选，最终得到290家企业三年共870个观测点样本。其中企业性质（Nation）的总体平均值为0.566，微大于0.5，说明国有企业样本量稍高于民营企业，但整体数量较为平均。企业规模（ESize）整体平均值为11507.11且符合正态分布，但中位数值为5409，说明样本企业的员工人数整体分布处于均值以下，样本企业规模多集中于相对中小规模。行业竞争度（HII）的偏度系数为2.557，说明数据整体呈现正偏态分

布，总体集中分布在行业竞争度低的区域。

表6-2　主要变量相关系数表与描述性统计

	CSR_ Sub	Nation	ESize	HII	lnSEM	Local_GDP	EPS	PRA	Age	Indep
Mean	31.93293	0.566321	11507.11	0.048751	1.220678	72424.15	0.408201	0.047002	16.90888	0.375042
Median	30.41016	1.000000	5409.000	0.031261	1.098612	72851.00	0.242800	0.032670	18.00000	0.363636
Maximum	66.29150	1.000000	186963.0	0.498571	5.435470	129000.0	4.400000	7.445077	30.00000	0.625000
Minimum	14.12109	0.000000	110.0000	0.008868	0.000000	0.000000	-4.220000	-0.531916	6.000000	0.250000
Std.Dev.	8.049722	0.495868	19712.34	0.046718	0.890444	29108.61	0.749669	0.261307	5.749968	0.056908
Skewness	0.928560	-0.267647	5.055059	2.557426	0.645744	0.311786	0.573699	26.18893	-0.135894	1.642271
Kurtosis	4.049418	1.071635	37.77230	15.16789	3.318329	2.063909	9.567703	742.8590	1.915238	6.094538
Jarque-Bera	164.3750	144.6854	47371.70	6293.674	63.91502	45.70211	1605.801	19873622	45.17714	735.6632
Probability	0.000000	0.000000	0.000000	0.000000	0.000000	0.000000	0.000000	0.000000	0.000000	0.000000
Sum	27685.85	491.0000	9976661.	42.26717	1058.328	62791742	353.9105	40.75098	14660.00	325.1618
Sum Sq. Dev.	56115.10	212.9366	3.37E+11	1.890072	686.6435	7.34E+11	486.6948	59.13156	28631.80	2.804539
Observations	867	867	867	867	867	867	867	867	867	867
Cross sections	290	290	290	290	290	290	290	290	290	290

在进行变量间的回归分析之前，需要通过相关分析初步判断两个变量间的关联度，相关分析主要是通过计算变量间的相关性系数来判断，以便为后期的多元回归分析做准备。本研究采用SPSS 23.0软件中的Pearson相关性分析法检验因变量、自变量、中介变量、控制变量两两之间的相关程度，结果如表6-3所示。对于样本数据来说，因变量CSR_Sub与自变量EPS之间在5%的置信区间显著相关，而与其他变量之间也在10%的水平下相关。Nation与ESize、HII、lnSEM、Age在1%的置信区间显著相关。但是所有变量间的相关系数均小于0.5。同样，ESize与Hll、lnSEM、EPS、lndep在1%的置信区间显著相关，但是相关系数均小于0.5。Hll与PRA在1%的置信区间显著相关，但是相关系数小于0.5。EPS与PRA在1%的置信区间显著相关，但是相关系数小于0.5。这说

明，参与研究的所有变量之间不存在严重的多重共线性问题，可以进行下一步回归分析。如表6-3所示。

表6-3　各主要变量相关性分析

	CSR_ Sub	Nation	ESize	HII	lnSEM	local_GDP	EPS	PRA	Age	Indep
CSR_ Sub	1									
Nation	0.105	1								
ESize	0.103	0.168**	1							
HII	0.038	0.162**	0.217**	1						
lnSEM	0.066	0.159**	0.407**	0.072	1					
local_GDP	0.037	−0.059	0.082	−0.143*	−0.048	1				
EPS	0.117*	−0.069	0.225**	0.061	0.128*	0.049	1			
PRA	0.088	0.016	−0.015	0.177**	−0.004	−0.074	0.278**	1		
Age	0.034	0.474**	0.084	0.071	0.130*	−0.026	0.023	0.042	1	
Indep	−0.015	−0.023	0.218**	0.025	0.109	−0.025	0.011	−0.041	−0.095	1

注：*表示在 0.05 级别（双尾），相关性显著；**表示在 0.01 级别（双尾），相关性显著。

6.3.2　模型检验与模型形式选取

在进行面板数据回归时，Eviews 9.0提示数据出现奇异矩阵（Near Singular matrix）现象。常规解决方法有两种：第一种是增大样本数据容量，第二种是剔除部分变量。本研究所选择的样本已经是所研究问题的总体，无法继续通过增大样本容量解决奇异矩阵的问题。在实际通过逐步回归寻找不显著变量的过程中，通过筛除面板数据公司性质（Nation）可以解决面板数据奇异矩阵的问题。同时，通过对履行实质性得分（CSR_Sub）与公司性质（Nation）之间的pearson相关检验，发现所研究范围内，履行实质性（CSR_Sub）和公司性质（Nation）之间不显著相关，选择不将公司性质（Nation）作为面板数据模型的解释变量进行建模。因此，本阶段研究设计把公司性质

（Nation）这一变量从总体模型中筛除并对其进行独立检验和回归分析。检验过程如下。

2015年履行实质性得分（CSR_ Sub）与公司性质（Nation）之间的pearson相关系数：履行实质性（CSR_ Sub）和公司性质（Nation）之间的相关系数为0.089，相伴概率大于0.1，表示在0.1的显著性水平上不显著，说明履行实质性（CSR_ Sub）和公司性质（Nation）之间不显著相关。如表6-4所示。

表6-4　Pearson相关性（2015）

		Nation	CSR_ Sub
Nation	皮尔逊相关性	1	0.089
	显著性（双尾）		0.132
	个案数	290	289
CSR_ Sub	皮尔逊相关性	0.089	1
	显著性（双尾）	0.132	
	个案数	289	289

2016年履行实质性得分（CSR_Sub）与公司性质（Nation）之间的pearson相关系数：履行实质性（CSR_Sub）和公司性质（Nation）之间的相关系数为0.096，相伴概率大于0.1，表示在0.1的显著性水平上不显著，说明履行实质性（CSR_ Sub）和公司性质（Nation）之间不显著相关。如表6-5所示。

表6-5　Pearson相关性（2016）

		Nation	CSR_ Sub
Nation	皮尔逊相关性	1	0.096
	显著性（双尾）		0.105
	个案数	290	289

续表

		Nation	CSR_ Sub
CSR_ Sub	皮尔逊相关性	0.096	1
	显著性（双尾）	0.105	
	个案数	289	289

2017年履行实质性得分（CSR_Sub）与公司性质（Nation）之间的pearson相关系数：履行实质性（CSR_Sub）和公司性质（Nation）之间的相关系数为0.086，相伴概率大于0.1，表示在0.1的显著性水平上不显著，说明履行实质性（CSR_Sub）和公司性质（Nation）之间不显著相关。如表6-6所示。

表6-6　Pearson相关性（2017）

		Nation	CSR_ Sub
Nation	皮尔逊相关性	1	0.086
	显著性（双尾）		0.143
	个案数	290	289
CSR_ Sub	皮尔逊相关性	0.086	1
	显著性（双尾）	0.143	
	个案数	289	289

通过上述方法检验可以充分认为履行实质性（CSR_Sub）和公司性质（Nation）之间的相关性较低且不显著，选择不将公司性质（Nation）作为面板数据模型的解释变量进行建模。

本阶段研究主要采用2015至2017年三年面板数据进行实证分析。由于面板模型数据中各相关变量间的共线性程度普遍较低，可以选用较为复杂的经济计量模型。因此，采用恰当的参数方法，能够更准确地反映个体固定的差异，同时也能更好反映各变量随时间的动态变化过程。面板数据的模型处理形式主要有个体固定效应模型（简称固定效应模型）、个体随机效应模型（简称随机效应模型）以及混合模型三种。如果截面维度和模型中参与的解释变量之间具有相关性，则应选用固定效应模型；如果截面维度和模型中参与的解释变量之间不具有相关性，则选择随机效应模型；如果面板数据在时间和截面两个维度中都没有存在显著性差异，那么运用OLS回归形式选用混合效用模型。本研究使用Eviews 9.0依次对模型进行Likelihood Ratio检验（LR-Test）、Hausman检验以及Fisher检验（F-Test），依据检验结果确认匹配相对应的模型形式，模型13、14、17、18、19、20、23、24、25、26的模型模式选择结果如表6-7和表6-8所示。

表6-7 Hausman及F、LR检验结果（Esize企业规模）

	变量关系	F检验	LR检验	Hausman检验	模型形式
模型13	ESize-CSR_ Sub	2.208	649.744	22.476	固定效应
		（0.000）	（0.000）	（0.0004）	
模型17	ESize-lnSEM	6.179	1228.732	27.835131	固定效应
		（0.000）	（0.000）	（0.000）	
模型18	lnSEM中介作用	2.203	649.367	23.551	随机效应
	（CSR_Sub-ESize-lnSEM）	（0.000）	（0.000）	（0.001）	
模型23	ESize-Local_GDP	232.351	4148.885	389.524	固定效应
		（0.000）	（0.000）	（0.000）	
模型24	Local_GDP中介作用	2.194	647.605	22.290	随机效应
	（CSR_Sub-ESize-Local_GDP）	（0.000）	（0.000）	（0.001）	

表6-8 Hausman及F、LR检验结果（HII行业竞争度）

	变量关系	F检验	LR检验	Hausman检验	模型形式
模型14	HII-CSR_ Sub	2.198	647.538	5.801	随机效应
		（0.000）	（0.000）	（0.326）	

续表

	变量关系	F检验	LR检验	Hausman检验	模型形式
模型19	HII-InSEM	7.250	1335.927	36.885	固定效应
		（0.000）	（0.000）	（0.000）	
模型20	InSEM中介作用	2.160	640.376		随机效应
	（CSR_Sub-HII-InSEM）	（0.000）	（0.000）	（0.243）	
模型25	HII-Local_GDP	14.376	1833.274	276.534	固定效应
		（0.000）	（0.000）	（0.000）	
模型26	Local_GDP中介作用	2.174	643.333	5.687	随机效应
	（CSR_Sub-HII-Local_GDP）	（0.000）	（0.000）	（0.4591）	

6.3.3　实证结果分析

上述研究的模型检验过程中发现，对企业社会责任履行实质性的影响中，企业性质被筛除总模型，因此首先需要验证企业性质这一自变量对履行实质性的影响。在此选用2015至2017年的数据，运用Logistic模型对三年数据分别进行回归，回归结果如表6-9所示。对2015至2017年的数据，从单变量的T检验、模型整体的F检验和方程的拟合优度来看，公司性质对履行实质性的解释效果都较差，因此可以得出假设H4不成立，企业性质并非是影响企业社会责任履行实质性，或是影响企业社会责任披露和履行的重要变量。这一结果与较早研究结论相悖（Song，2010；Wang，2006；Jiang和Wei，2005；Zhou和Linlong，2004），但却验证了Zheng（2016）的研究结论，企业性质并不直接影响企业社会责任，可能是由于国有企业与民营企业通常状况下极大的规模差异造成了国有企业社会责任优于民营企业的虚假表象。

表6-9　企业性质对CSR履行实质性的回归结果

	2015			2016			2017		
	回归系数	T统计量	P值	回归系数	T统计量	P值	回归系数	T统计量	P值
C	29.295	8.665	0.000	32.111	9.235	0.000	32.768	8.433	0.000
Nation	1.491	1.399	0.163	2.012	1.889	0.060	0.261	0.227	0.821
EPS	−0.972	−0.962	0.337	1.271	1.801	0.073	3.031	3.209	0.001
PRA	11.218	1.051	0.294	1.014	0.922	0.357	−10.942	−1.128	0.260
Age	0.026	0.285	0.776	−0.044	−0.472	0.637	0.042	0.417	0.677
Lndep	1.770	0.220	0.826	−1.835	−0.229	0.819	−6.867	−0.767	0.444
R2	0.012			0.030			0.050		
Adj-R2	−0.005			0.013			0.033		
F值	0.703			1.758			2.958		
P值	0.621			0.122			0.013		

依据表6-7和表6-8的模型检验结果，本研究对影响企业社会责任履行实质性的其他重要变量进行实证分析。表6-10显示了相关企业规模（ESize）与履行实质性面板数据的回归结果，模型13说明企业规模（ESize）对企业社会责任履行实质性（CSR_Sub）有显著的正向影响；模型的拟合优度达标（R2为0.552，Adj-R2为0.421），变量的自相关程度较低（DW值为2.409）。表现为ESize与CSR_Sub正向相关，假设H5成立。

在模型17、模型23中，ESize的回归系数为-0.000009和0.124，T值为-1.259和2.505，显著性为0.209和0.0125，模型拟合度较好（R2为0.795和0.992，Adj-R2为0.690和0.987），变量的自相关程度较低（DW值为3.040和1.675）。lnSEM与ESize呈负相关，Local_GDP与ESize呈正相关。

通过回归分析得出ESize、CSR_Sub、ESize与中介变量均存在显著的相关关系后，即满足中介作用检验的前两个步骤，可以进一步分析中介变量（lnSEM、Local_GDP）在ESize与CSR_Sub间是否发挥了中介作用。ESize对CSR_Sub仍有显著正向影响。同时，中介变量lnSEM与Local_GDP分别使ESize

的回归系数减小，但没有降为0，实证分析结果说明，在加入中介变量lnSEM与Local_GDP后，自变量的预测效果会显著下降。且在P值均为0.000的前提下，lnSEM与Local_GDP通过了中介作用的第三步检验。lnSEM与Local_GDP具有部分中介效应。假设H7b与假设H8b通过检验。

表6-11显示了行业竞争度（Hll）与履行实质性（CSR_Sub）以及中介作用模型面板数据的回归结果，模型14中回归系数为11.412，T值为1.729，显著性为0.008，说明Hll对CSR_Sub有显著的正向影响，即Hll每增加1%，CSR_Sub增加11.412%；模型的拟合优度达标（R2为0.413，Adj-R2为0.406），变量的自相关程度较低（DW值为1.540），表现为Hll与CSR_Sub正向相关，因此假设H6验证成立。在模型19、模型25中，Hll的回归系数为2.602和-8761.027，T值为2.512和-1.267，显著性为0.012和0.206，模型拟合度较好（R2为0.797和0.992，Adj-R2为0.693和0.987），变量的自相关程度较低（DW值为3.022和1.675）。lnSEM、Local_GDP与Hll呈正相关。由此可以继续检验中介变量lnSEM与Local_GDP对HII的中介作用。

通过回归分析得出Hll、CSR_Sub、Hll与中介变量均存在显著的相关关系后，即满足中介作用检验的前两个步骤，可以进一步分析中介变量（lnSEM、Local_GDP）在Hll与CSR_Sub间是否发挥了中介作用。结果显示，Hll对CSR_Sub仍有显著正向影响。同时，中介变量lnSEM使Hll的回归系数由11.412（模型14）减小到10.632，实证分析结果说明，在加入中介变量lnSEM后，自变量的预测效果会显著下降，且在P值均为0.05的前提下，lnSEM通过了中介作用的第三步检验，因此H7c假设验证通过。至此可知，社会期望（lnSEM）在企业规模（ESize）和行业竞争度（HII）对企业社会责任履行实质性（CSR_Sub）的影响过程中均起到部分中介作用，政府监督（Local_GDP）只在企业规模（ESize）对企业社会责任履行实质性（CSR_Sub）的影响过程中起到部分中介作用。

表6-10　企业规模与CSR履行实质性，社会期望中介作用检验结果

变量	模型13			模型17			模型23			模型18			模型24		
逻辑关系	ESize-CSR_Sub			ESize-lnSEM			ESize-Local_GDP			lnSEM中介作用			Local_GDP中介作用		
名称	系数	T值	P值	系数	T值	P值	系数	T值	P值	系数	T值	P值	系数	T值	P值
常数c	18.64932	3.111021	0.0020	2.132026	4.776594	0.0000	-33353.57	-11.28883	0.0000	31.14954	13.28874	0.0000	30.09943	12.15209	0.0000
ESize	0.000461	4.609605	0.0000	-0.000009	-1.259060	0.2085	0.123740	2.505469	0.0125	8.37E-05	4.598070	0.0000	8.55E-05	4.922457	0.0000
lnSEM										0.221760	0.622717	0.5336			
Local_GDP													1.60E-05	1.423387	0.1550
EPS	0.429554	0.627067	0.5309	-0.044465	-0.869990	0.3847	-893.5475	-2.641134	0.0085	0.433923	1.026467	0.3050	0.392471	0.926026	0.3547
PRA	0.320112	0.271087	0.7864	0.005807	0.065911	0.9475	437.2387	0.749688	0.4537	0.998977	0.988707	0.3231	1.049613	1.038073	0.2995
Age	0.150399	0.526062	0.5990	-0.019047	-0.894200	0.3716	6225.816	44.15660	0.0000	0.042240	0.733741	0.4633	0.043550	0.758725	0.4482
Indep	13.98736	1.399421	0.1622	-1.240563	-1.664348	0.0966	-778.1624	-0.157716	0.8747	-3.659720	-0.671601	0.5020	-3.296288	-0.605589	0.5449
模型显著性检验															
F值	2.392898			7.587381			232.2212			5.558349			5.839926		
P值	0.000000			0.000000			0.000000			0.000011			0.000006		
DW值	2.409300			3.039541			1.675402			1.560160			1.561882		
拟合优度检验															
R2	0.551553			0.795059			0.991648			0.47331			0.59149		
Adj-R2	0.421057			0.690272			0.987378			0.40615			0.52445		
Year	已控制			已控制			已控制			已控制			已控制		

表6-11　行业竞争度与CSR履行实质性，社会期望中介作用检验结果

变量	模型14			模型19			模型25			模型20			模型26		
逻辑关系	HII-CSR_Sub			HII-lnSEM			HII-Local_GDP			lnSEM中介作用			Local_GDP中介作用		
名称	系数	T值	P值	系数	T值	P值	系数	T值	P值	系数	T值	P值	系数	T值	P值
常数c	29.73591	12.45269	0.0000	2.723865	5.372672	0.0000	-35129.33	-10.38320	0.0000	29.54593	12.43534	0.0000	28.29877	11.21110	0.0000
HII	11.41232	1.728608	0.00842	2.602104	2.512088	0.0123	-8761.027	-1.267423	0.2055	10.63231	1.615943	0.1065	11.55220	1.752435	0.0801
lnSEM										0.686885	1.981847	0.0478			
Local_GDP													2.00E-05	1.742069	0.0819
EPS	0.863380	2.036169	0.0420	-0.045358	-0.891680	0.3729	-920.8439	-2.712671	0.0069	0.778455	1.834678	0.0669	0.787749	1.850407	0.0646
PRA	0.614096	0.597153	0.5506	0.024983	0.283380	0.7770	401.7926	0.682944	0.4949	0.698675	0.679723	0.4969	0.700708	0.680582	0.4963
Age	0.056925	0.957477	0.3386	-0.066158	-2.440186	0.0150	6423.375	35.50256	0.0000	0.046966	0.793583	0.4277	0.054563	0.920045	0.3578
Indep	0.837686	0.151914	0.8793	-1.324585	-1.786993	0.0745	28.24578	0.005710	0.9954	0.259447	-0.047115	0.9624	0.961639	0.174681	0.8614
模型显著性检验															
F值	2.189858			7.665592			230.3394			2.498990			2.340299		
P值	0.053416			0.000000			0.000000			0.021055			0.030078		
DW值	1.539836			3.022371			1.675460			1.540469			1.541797		
拟合优度检验															
R2	0.412557			0.796725			0.991581			0.517136			0.616065		
Adj-R2	0.406823			0.692790			0.987276			0.510279			0.609201		
Year	已控制			已控制			已控制			已控制			已控制		

表6-12 企业规模与CSR履行实质性，社会期望中介作用稳健性检验结果

变量	模型13			模型17			模型23			模型18			模型24		
逻辑关系	ESize-CSR_Sub			ESize-lnSEM			ESize-Local_GDP			lnSEM中介作用			Local_GDP中介作用		
名称	系数	T值	P值	系数	T值	P值	系数	T值	P值	系数	T值	P值	系数	T值	P值
常数c	18.64932	3.111021	0.0020	2.132026	4.776594	0.000	-33353.57	-11.2888	0.0000	3.11E+01	13.28874	0.000	3.01E+01	12.15209	0.000
ESize	0.000461	4.609605	0.000	-9.39E-06	-1.25906	0.2085	1.24E-01	2.505469	0.0125	8.37E-05	4.59807	0.000	8.55E-05	4.922457	0.000
lnSEM										0.22176	0.622717	0.5336			
Local_GDP													1.60E-05	1.423387	0.155
EPS	0.429554	0.627067	0.5309	-0.044465	-0.86999	0.3847	-893.5475	-2.64113	0.0085	0.433923	1.026467	0.305	0.392471	0.926026	0.3547
Tobin_Q	0.320112	0.271087	0.7864	0.005807	0.065911	0.9475	437.2387	0.749688	0.4537	0.998977	0.988707	0.3231	1.049613	1.038073	0.2995
Age	0.150399	0.526062	0.599	-0.019047	-0.8942	0.3716	6225.816	44.1566	0.000	0.04224	0.733741	0.4633	0.04355	0.758725	0.4482
Indep	13.98736	1.399421	0.1622	-1.240563	-1.66435	0.0966	-778.1624	-0.15772	0.8747	-3.65972	-0.6716	0.502	-3.296288	-0.60559	0.5449
模型显著性检验															
F值	2.392898			7.587381			232.2212			5.558349			5.839926		
P值	0.0000			0.000			0.000			0.000011			0.000006		
DW值	2.4093			3.039541			1.675402			1.56016			1.561882		
拟合优度检验															
R2	0.551553			0.795059			0.991648			0.437331			0.539149		
Adj-R2	0.421057			0.690272			0.987378			0.430615			0.532445		
Year	已控制			已控制			已控制			已控制			已控制		

表6-13　行业竞争度与CSR履行实质性，社会期望中介作用稳健性检验结果

变量	模型14			模型19			模型25			模型20			模型26		
逻辑关系	HII-CSR_Sub			HII-lnSEM			HII-Local_GDP			lnSEM中介作用			Local_GDP中介作用		
名称	系数	T值	P值	系数	T值	P值	系数	T值	P值	系数	T值	P值	系数	T值	P值
常数c	2.97E+01	12.45269	0.000	2.723865	5.372672	0.000	-35129.33	-10.3832	0.000	2.95E+01	12.43534	0.000	2.83E+01	11.2111	0.000
HII	1.14E+01	1.728608	0.0842	2.60E+00	2.512088	0.0123	-8.76E+03	-1.26742	0.2055	1.06E+01	1.615943	0.1065	1.16E+01	1.752435	0.0801
lnSEM										6.87E-01	1.981847	0.0478			
Local_GDP													2.00E-05	1.742069	0.0819
EPS	8.63E-01	2.036169	0.042	-4.54E-02	-0.89168	0.3729	-9.21E+02	-2.71267	0.0069	0.778455	1.834678	0.0669	0.787749	1.850407	0.0646
Tobin_Q	0.614096	0.597153	0.5506	2.50E-02	0.28338	0.777	4.02E+02	0.682944	0.4949	0.698675	0.679723	0.4969	0.700708	0.680582	0.4963
Age	0.056925	0.957477	0.3386	-0.066158	-2.44019	0.015	6423.375	35.50256	0.000	0.046966	0.793583	0.4277	0.054563	0.920045	0.3578
Indep	0.837686	0.151914	0.8793	-1.324585	-1.78699	0.0745	28.24578	0.00571	0.9954	-0.259447	-0.04712	0.9624	0.961639	0.174681	0.8614
模型显著性检验															
F值	2.189858			7.665592			230.3394			2.49899			2.340299		
P值	0.053416			0.000			0.000			0.021055			0.030078		
DW值	1.539836			3.022371			1.67546			1.540469			1.541797		
拟合优度检验															
R2	0.612557			0.796725			0.991581			0.517136			0.616065		
Adj-R2	0.606823			0.69279			0.987276			0.510279			0.609201		
Year	已控制			已控制			已控制			已控制			已控制		

6.3.4 稳健性分析和检验

为了增强本阶段实证结果的说服力和模型的稳定性，除了上述实证研究外，还进行了稳健性分析和检验。研究选用能够衡量企业价值的Tobin_Q值替代模型中反映企业财务资源的财务指标总资产净利率（PRA），其中Tobin_Q值=公司市值/年末总资产，相关指标来源于Wind数据库。两个阶段实证回归的稳健性检验结果如表6-12与6-13所示。检验结果显示，采用Tobin_Q值替代PRA检验企业规模和行业竞争度对企业社会责任履行实质性以及社会期望和政府监督的中介作用时，相关两个主要变量（ESize与HII）依然对企业履行实质性产生正向显著影响，社会期望与政府监督都会对企业规模影响履行实质性的过程产生部分中介作用，行业竞争度只受社会期望的部分中介作用影响履行实质性。稳健性检验的结果没有改变原假设的模型结果和结论，说明检验结果和实证模型具有一定的稳定性，稳健性检验通过。

6.4 企业规模与行业竞争度对CSR履行实质性门槛效应分析

在使用面板数据回归研究企业规模与行业竞争度对企业CSR履行实质性的影响过程中，实证回归结果只说明了影响结果，为了深入研究企业在不同规模情况以及不同行业竞争程度下对CSR履行实质性更为复杂的“门槛效应”特征，本阶段研究运用Stata 14.0软件，通过构建面板门槛回归模型，以企业规模及行业竞争度为门槛变量分别进行实证检验与分析。

6.4.1　门槛显著性检验和置信区间

在进行门槛效应模型分析前，需要对研究样本进行门槛效果检验，检验过程需满足门槛模型的假设原则。假设条件需满足：首先，假定原假设并不存在门槛值，当检验结果拒绝原假设后，备择假设为可能存在单一门槛值；其次，为了能够更精准地找出模型中门槛值的数量，还需进行进一步的检验，则进行第二层假设，即原假设为存在单一门槛值，备择假设即为可能存在双重门槛值。以此类推，直到某一层假设检验不能拒绝原假设为止（侯建等，2018）。根据此原理，本研究对各个门槛值进行分析与检验，并且对门槛值进行显著性检验。具体的检验结果如表6-14所示。

表6-14　门槛效果检验

	门槛	F值	P值	临界性		
				1%	5%	10%
行业竞争度	单一门槛	24.75**	0.0333	32.4863	23.3338	19.0018
	双重门槛	13.27	0.2100	37.0684	21.3632	19.1701
	三重门槛	9.19	0.5300	32.0483	22.9356	20.0295
企业规模	单一门槛	21.34*	0.0900	35.1763	25.6930	20.3774
	双重门槛	14.31	0.3167	32.3440	23.6778	21.4158
	三重门槛	17.68	0.4633	48.0071	37.9208	31.3868

注：*和**分别表示参数估计值在10%和5%水平上显著，下同。

表6-14中计算出的检验结果是，分别在1%、5%、10%水平下的F值和对应的P值。从表中结果可知：行业竞争度的单一门槛F值检验，在5%的显著性水平下通过检验；企业规模的单一门槛F值检验，在10%的显著性水平下通过检验。根据HANSEN（1999）的门槛理论，可以认为行业竞争度与企业规模对履行实质性有显著的影响，并且都存在单一门槛值。这一结果再次验证了本研究中假设H5a、H6a成立。

在通过了门槛效果检验后，本研究进而对门槛值真实性进行检验。当模型选用行业竞争度为门槛变量时，单一门槛值为0.0162，且在95%置信区间[0.0135，0.0168]内；当模型选用企业规模为门槛变量时，单一门槛值为3144.0，且在95%置信区间[2876.5，3165.0]内。门槛值估计结果如表6-15所示。

表6-15　门槛值估计结果

	门槛	门槛估计值	95%置信区间
行业竞争度	单一门槛	0.0162	[0.0135，0.0168]
	双重门槛	0.0162	[0.0152，0.0172]
		0.0172	[0.0092，0.0203]
	三重门槛	0.1012	[0.0928，0.1033]
企业规模	单一门槛	3144.0	[2876.5，3165.0]
	双重门槛	3144.0	[2876.5，3165.0]
		50431.0	[41968.0，60149.0]
	三重门槛	5778.0	[5600.5，5811.0]

门槛参数的估计值是似然比检验统计量LR等于零时相应的取值，在本研究中以行业竞争度为门槛变量的单一门槛模型中，门槛估计值为0.0162；以企

业规模为门槛变量的单一门槛模型中，门槛估计值为3144.0，其95%的置信区间是LR值小于5%的显著水平（图中水平虚线）的估计值构成的区间，因此接受原假设，即两个门槛估计值与其真实值相等。至此本研究认为门槛效应模型假设检验通过，可以进行进一步模型回归分析。

6.4.2　门槛效应模型参数估计结果

1. 行业竞争度门槛值分析

表6-16中回归结果显示，当行业竞争度小于门槛值0.0162时，行业竞争度每增加1%只会使履行实质性增加约0.00003%。当行业竞争度大于门槛值0.0162时，行业竞争度每增加1%会使履行实质性增加的程度更大，达到约0.00008%。此结果可以说明，当企业所处行业为垄断性行业时，企业履行实质性水平低于竞争性行业企业的履行实质性水平。因此，检验通过，假设H6b成立。

2. 企业规模门槛值分析

表6-16中回归结果显示，当企业规模，即员工人数小于门槛值3144.0时，企业规模每增加1%会使履行实质性降低约48.54%，说明在门槛值之前，企业规模对CSR履行实质性有负向影响。当企业规模大于门槛值3144.0时，企业规模每增加1%会使履行实质性增加64.31%。此结果表明，所选研究样本区分公司规模大小的门槛值在员工人数处于3144处。在较小规模企业中，随着企业规模增大，企业CSR履行实质性水平降低，企业社会责任披露与履行的差距随规

模增大而增大；在较大规模企业中，随着企业规模增大，企业的履行实质性水平升高，企业社会责任披露与履行差距随规模的增大而减小。因此，检验通过，假设H5b、H5c成立。

表6-16　门槛模型回归结果

行业竞争度为门槛变量		
	系数	t值
EPS	0.4611328	0.68
PRA	0.3323102	0.29
Age	−0.3127454	−1.04
Indep	12.74878	1.29
HII(R<0.0162)	0.0002773**	2.51
HII(R>0.0162)	0.0008137***	5.28
cons	27.16701***	4.38
R2	0.0900	
N	870	
F	7.07	
企业规模为门槛变量		
	系数	t值
EPS	0.8509148	1.22
PRA	−1.115284	−0.90
Age	0.5061063	1.38
Indep	16.68966*	1.68
ESize(R<3144.0)	−48.53728**	−2.45
ESize (R>3144.0)	64.31119***	3.13
cons	16.94141**	2.48
R2	0.0684	
N	870	
F	5.25	

6.5　本章小结

本章主要进行了两个方面的实证检验工作，分别是CSR履行实质性的影响因素实证分析以及企业规模与行业竞争度对CSR履行实质性的门槛效应分析。在实证分析过程中，首先对相关研究变量进行描述性统计分析，包括变量间相关性分析。其次，分别运用Eviews 9.0、Stata 14.0软件对两阶段问题进行实证检验研究。同时，为了能够更好反映各变量随时间的动态变化过程，在使用面板数据前对模型依次进行了Likelihood Ratio检验（LR-Test）、Hausman检验以及Fisher检验（F-Test），依据检验结果确认匹配相对应的模型形式，以便能够得到更好的实证检验结果。再次，运用变量替换方法对模型进行稳定性检验，验证检验结果是否具有稳定性。最后，得出相关假设的实证检验结果。

关于影响CSR履行实质性的实证结果显示：第一，企业性质与CSR履行实质性的相关性较低且不显著，说明企业性质与CSR履行实质性间的正相关关系未能得到支持；第二，企业规模和行业竞争度与CSR履行实质性都呈显著正相关关系；第三，社会期望在企业规模和行业竞争度两个层面上对CSR履行实质性都会产生部分中介作用，政府监督只对规模更大的企业产生更强的监控与督促作用，在行业竞争度影响CSR履行实质性过程中，不具备中介作用。

关于企业规模与行业竞争度对CSR履行实质性的门槛效应检验结果显示：第一，当行业竞争度小于门槛值0.0162时，行业竞争度对CSR履行实质性产生正向显著影响，当行业竞争度大于门槛值0.0162时，行业竞争度对CSR履行实质性的影响会更大；第二，当企业规模小于门槛值3144.0时，企业规模对CSR履行实质性产生负向影响，当企业规模大于门槛值3144.0时，企业规模对CSR履行实质性产生显著正向影响，且影响程度大于负向影响。

第7章
研究结论与讨论

7.1 主要研究结论

本研究基于利益相关者理论、资源依赖理论与期望理论检验了影响企业发布社会责任报告以及企业在完成社会责任工作中履行实质性方面两个阶段的影响过程。突破性地引入组织资源观与组织成本理论探讨不同规模企业完成社会责任披露及履行情况的内在机理，选用门槛效应模型进行深层次验证与探索，并且实证检验了外部监督作为企业自身外的重要推动力量在影响企业社会责任履行实质性过程中起到的重要中介作用。研究第一阶段以955家中国制造业上市公司为观测样本，第二阶段以290家已发布报告的制造业上市企业2015至2017年面板数据为观测样本，建立实证模型并经过面板数据的回归分析得出以下结论。

（1）通过第一阶段对中国制造业上市公司发布CSR报告过程的检验，发现政治依赖成为影响企业社会责任披露的重要原因。政府作为国家经济中重要的监督者与决策者，不仅可以影响企业的竞争环境和地位，也掌控着企业谋求更好发展的关键性资源（Schuler和Rehbein，1997）。企业需要响应政府释放的某些关键性信号，以求增强与政府关系或获取更多资源。对影响企业发布CSR报告过程的检验结果显示，政治关联的确对报告发布产生显著正向影响，这一结果与Marquis与Qian（2014）的研究结论一致。同时，本研究还细化分析中央政治关联与地方政治关联的影响差异，结果显示，中央政治关联会产生正向影响，地方政治关联会造成负向影响。造成此差异的原因是企业由于需要面对不同层级的政府期望与需求所产生的制度压力冲突，中央政治关联企业更需要着重考量国家政策导向，从而更有可能对政府的合规性信号做出响应；地方政治关联企业与地方政府的过度贴合压力会导致企业更应追求经济增长，忽视社会责任活动。此外，在对已有政治关联企业的比较中发现，民营企业比国有企业更加珍惜政治关联。民营企业会更加积极地响应政府信号，通过发布CSR报告，与政府机构和监管机构建立友好关系，积极获得资源。检验政治印记与财务资源的结果显示，政治印记对CSR报告发布影响为负，财务资源对CSR报告发布产生正向影响。二者的检验结果验证本研究假设，说明成立越久的企业，在创始时期形成并延续下来的经营策略和时代印记越牢固，不太会顺应当下政府释放的非直接经营信号。同时，发展年限较长的企业已经在多方面与政府建立了比较牢固的友好关系，因而对政府的合规性信号响应较弱。比较而言，发展年限较长的民营企业依然需要时时面对激烈的市场竞争，因而会牢牢把握任何能够增加自身合法地位，获得与政府形成友好关系的机会，因而响应政府合法性信号的强度会高于国有企业。从冗余资源角度出发（Voss，2008），企业社会责任活动本身是带有成本的，成本是一种企业履行社会责任的经济性体现，充足的财务资源是保证企业社会责任履行的重要条件，本研究证明了财务资源越充足的企业，越可能发布CSR报告。基于以上结论，本研究一个关键论点是，如果不去充分了解企业的政治背景、情况和地位，就无法准确地确定政府带给企业的合法性压力的影响。因此，研究企业社会责任披露情况，应该更多关注企业对政府的政治依赖程度以及企业响应政府合法性信号的主观意愿和自身环境。

（2）本研究的第二阶段实证检验了影响企业社会责任履行实质性的主要因素及其影响机理，并验证了社会期望与政府监督在影响过程中起到的中介作用。在此阶段研究中，首先发现国有企业与民营企业在社会责任表现上并无明显差异，这一结论与郑海东（2016）的研究结果一致，而与传统印象并不一致。与传统研究结果有差异的主要原因在于以下几个方面。

第一，民营企业的社会责任表现不佳主要体现在中小企业，大型企业在企业社会责任方面表现得更为突出，也就是说传统研究在考察企业性质的过程中往往忽视了样本的规模特征，从而造成民营企业社会责任不如国有企业的错觉。

第二，由于先天即具有高于民营企业的地位，国有企业的社会责任表现有所下降，而民营企业承担了越来越多的社会责任，双方在社会责任表现上的差距不断缩小。为了检验企业规模与行业竞争度对CSR履行实质性更为复杂的影响变化，本研究运用门槛效应模型对面板数据进行了回归分析，结果显示，企业规模与行业竞争度均对CSR履行实质性有正向影响，且在分别找到门槛值后，更为详细地说明了两点。首先，竞争性行业的CSR履行实质性水平高于垄断性行业。此结果论证了本研究最初的假设，在竞争性行业中，由于企业面对较为激烈的市场竞争，因而尤其需要认真履行企业社会责任的相关活动，以获得市场的认可，提升企业在利益相关者中的价值认同，从而在激烈的市场竞争中脱颖而出，使企业获得更好的发展和绩效。比较而言，在垄断程度较高的行业中，虽然企业可以凭借垄断地位或市场势力，比较容易地获得很好的经济效益，拥有更多支付组织成本的空间，因而更有基础履行社会责任，但也由于垄断性行业企业的市场竞争意识和需求较弱，更容易产生企业社会责任披露与履行的差距，真实的履行实质性水平低于竞争性行业企业。其次，在将企业规模设为门槛变量的门槛效应模型研究结果中，本研究样本的门槛阈值为员工人数3144，这也是保持企业社会责任披露与履行一致性的最佳边界条件。门槛值之前，即小规模企业中，CSR履行实质性水平随规模的增大而减小。根据组织成本理论，在小规模企业中，企业的社会责任披露水平会不断提高，从而使真实的社会责任履行程度与信息披露间的差距逐渐增加。而到达门槛值以后，进入大规模企业水平，由于相对较小的社会责任披露成本，社会责任信息披露会真实地反映实质性的社会责任活动，因而企业的履行实质性水平会随规模的增大而增大。这一研究结果与Wickert等（2016）设想的理论模型相符合。

（3）在研究的第二阶段进行了对社会期望与政府监督的中介作用检验。实证结果显示，社会期望在企业规模和行业竞争度两个层面上都会对企业社会责任履行实质性产生中介作用。社会期望作为反映利益相关者意愿以及媒体聚焦的窗口，起到了不可替代的外部监督作用，也成为企业接收利益相关者意见的重要途径。企业规模越大，所处的行业竞争越激烈，越会得到媒体与大众的关注与监督，这种监督是外部对企业的一种期望，也是督促企业更好履行社会责任的实际压力。政府监督作为政治关联外的另一种外部监控手段，会对规模更大的企业产生更强的监控与督促作用。本研究认为，经济越发达的地区，政府的自身制度建设越完善，对市场中企业行为的监控力度越强。规模越大的企业，接受的政府监管力度越强，这种监控与审查会使企业在披露与履行社会责任的过程中更加真实，以免受到来自政府的惩罚而影响企业发展。因此，本研究认为，社会期望与政府监督作为第三方审查手段能够有效促进企业更加真实地完成社会责任相关工作，应该更多增加媒体与公众对企业表达意见的窗口通道，加强政府监控力度，促进企业更好更真实地完成社会责任的相关活动。

7.2 政策建议

本研究在充分分析影响CSR报告与CSR履行实质性表现的相关因素基础上，从政府与企业两个层面出发总结出如下政策建议。

7.2.1 政府层面

（1）构建完善的企业社会责任引导与干预机制。研究结果表明，政府有能力通过释放合规性信号引导企业积极参与社会责任活动，企业也会因对政府资源的依赖性主动进行信号响应。因此，政府应该更为主动地完善企业参与社会责任活动的相关政策、制度，充分利用自身的市场干预能力积极引导企业行为，推广企业社会责任理念，指引企业参与社会责任的明确方向，加强与企业间联系，完善相关法律约束政策与利益相关者保障制度，避免在与企业政治关联过程中可能产生的政治腐败，建立一套全面、系统的企业社会责任政策与制度体系。

（2）加强企业在社会责任履行过程中的监管力度。企业参与社会责任活动除本身具有承担利益相关者责任的自愿意识外，还因为企业会受到来自外部社会的期望与媒体舆论的压力影响。建立完善的市场监督机制、指导媒体关注与报道行为、加强政府有关部门的管控措施能够有效并显著影响企业在社会责任方面的现实表现。同时，针对企业在社会责任表现方面夸大披露、履行滞后、损害利益相关者合法权益等行为应着力加强监督与管理。此外，由于企业性质、规模、所处行业与区域经济发展水平等情况的不同，政府开展社会责任监督的过程中应依照现实状况有所侧重，如对重点污染环境行业、低成本竞争性行业等重点监管并制定系统性的奖惩措施；对规模较大，存在片面履行情况可能性较高的企业提升监管力度；对经济欠发达，地方行政力量薄弱的省份和地区设计并出台详尽的监督管理办法，并且积极邀请社会媒体共同努力提升企业在社会责任方面的现实表现。

（3）为企业搭建展示社会责任表现的公共平台。对部分中小企业在参与社会责任工作过程中存在的有能力履行、无能力披露与宣传的现实情况，政府应积极提供方便有效、节省资源的公共宣传平台，打造企业与社会利益相关者信息沟通的开放性窗口，使企业的社会责任行为能够被外界了解，既为企业披露与宣传社会责任信息提供官方“绿色通道”，同时也表达政府对企业承担社会责任的支持与肯定。呼吁与聚拢全部企业在此平台披露社会责任相关信息，也有助于社会和公众对利益相关企业的了解与监督。此外，公共平台的打造还能够帮助社会责任表现水平较高的企业进行社会宣传，树立优质、模范的社会公民形象，提升企业的社会声誉，进而逐步带动全部企业积极承担社会责任。

7.2.2　企业层面

（1）增强意识，将企业社会责任纳入公司治理机制。在市场经济活动中，企业应充分认识到社会责任工作不是企业追求经济利润的手段和渠道，而是在市场经营活动中应该积极自愿履行的对利益相关者负责任的行为。将企业社会责任明确列入公司发展的长效机制内，切实履行相关责任工作，是作为社会基本经济单位对自身的更高追求，是作为社会公民追求企业可持续发展的重要保障。部分企业的社会责任意识淡薄，社会责任相关工作缺失，这其中包括与政府关联度不高的中小企业、地方性企业、一些传统经营模式稳固的老牌民营企业，以及处于低利润行业的中小企业，这些企业更应该加强自身企业社会责任建设，积极践行社会责任工作，将社会责任纳入公司发展的治理机制与发展计划中，避免因社会责任缺失而对利益相关者造成的损害。

（2）优化组织结构，完善社会责任工作管理体系。企业内部在运转社会责任相关工作过程中往往需要多部门以及公司内部不同层级相互配合，所涉及的组织、管理、协调等行为随着利益相关者工作范畴的增大会变得越来越复杂，经常可能发生因部门间信息不对称造成的重复履行，因跨越连续层级导致社会责任行政信息传递减弱或失真，因复杂的内部协调与维护工作耗费更高的组织管理成本等情况。为避免上述情况发生造成的组织内部资源浪费，企业应该建立更为高效、便捷、节约的组织管理制度，并加强组织内部履行社会责任工作过程中的监督与管控，从内部治理层面设计能够促进企业发展与社会责任有效履行的管理机制，完善企业管理体系，努力提升企业治理水平与社会责任工作表现。

（3）强化与利益相关者的信息传递与沟通机制。随着现代互联网技术的成熟与自媒体的广泛普及，企业新闻信息与舆论的传递已经变得越来越容易。企业社会形象作为公司治理与发展的关键性资源已受到越来越多企业的极大重视。外部媒体力量的监督与社会公众舆论的压力成为可以显著影响企业经济利益与社会责任表现的重要指标，企业应该时刻对外部利益相关者的信息保持高度敏感，积极建立与外部利益相关者的沟通机制，保持与社会公众及媒体的沟通互联。同时，敏锐捕捉市场消费者诉求并接受市场的实时监督，可以有效避免因信息不对称或对企业行为理解的歧义而产生对企业声誉的消极影响。因此，建议企业积极建立与外部利益相关者的有效沟通机制，提升社会责任服务水平，努力构建加强企业社会责任参与的长效合理机制。

7.3　研究局限与未来展望

7.3.1　研究局限

本研究是基于政治依赖视角分析影响企业发布CSR报告机制的一次综合探讨，也是突破性引入组织成本理论对企业如何践行真实的社会责任披露与履行研究的创新型尝试，试图为新时代市场经济体制下企业如何更好践行企业社会责任给出相应的解析。但个人能力和精力有限，当前研究仍存在一些局限。

（1）本研究虽然在政治关联因素影响企业发布CSR报告的领域有所探索，但在分析企业面临相互冲突的制度压力，即同时面对中央和地方的制度压力时，还应考虑企业在响应政府信号过程中是否还存在其他形式的“解耦”策略，探索其他相关“解耦”策略对企业CSR报告发布的现实影响机制。

（2）本研究第二阶段的研究模型旨在从组织成本角度出发，展示经济压力如何解释小型和大型企业在CSR披露与履行方面的差异，也在研究过程中找到了企业参与CSR活动的最佳规模条件，增加了CSR领域的清晰度，扩展了早期相关研究工作（Wickert等，2016；Campbell，2007；Darnall等，2010；Husted和Salazar，2006；McWilliams和Siegel，2001）。但是，本研究依然有所遗憾，即对企业参与社会责任过程中的两条成本曲线（相对披露成本曲线与相对履行成本曲线）可能存在的非线性变化问题，还没有进行更加深入的探讨，未来的研究可以在此方向上进行更深层次的探索。

（3）虽然本研究突破性地将企业社会责任领域前沿理论猜想运用实证模型方法加以验证，但在实证过程中，量化政府监督等关键指标过程中可选择的测量方法还很单一，量化外部监督方面更为先进的评价系统还应被大力开发。

7.3.2 未来展望

本研究关注的是当前企业社会责任前因研究领域中，对政府释放合规性信号，企业以发布CSR报告形式进行响应，到已发布CSR报告企业的披露与履行表现差异影响的完整研究链探索。在本研究基础之上，未来的研究可以围绕以下几个方面进行深入探索。

（1）发掘政治依赖视角下影响企业CSR报告发布的其他“解耦”政策。本研究关于政治关联与CSR报告发布的研究过程中，仅考虑了中央政治关联和地方政治关联与CSR报告发布之间存在的“解耦”情况，未来的研究还应该探索其他可能存在的“解耦”影响，在这些可能存在“解耦”情况但还未进行深入探究的领域，分析企业的政治行为表现和社会责任工作间究竟是互补关系还是相互替代的关系，可能的影响因素具体都有哪些。这方面独特的政治依赖在现实实践和国外的前沿研究中已经开始受到关注，这些问题会成为未来本领域值得研究的方向。

（2）探索企业参与CSR过程中的披露与履行成本曲线变化。本研究在运用组织成本理论分析不同企业规模情况下CSR披露与履行表现的过程中，探索性地给出企业相对披露成本与相对履行成本曲线的理论变化情况，但由于研究需要没有继续针对此问题深入探讨CSR参与过程中相关成本曲线的非线性变化。在这两条成本曲线的作用下，小规模企业的披露差距变化与大规模企业的履行差距变化还可以继续深入挖掘。最重要的是，在未来研究中，学者们还可以继续检验并对本研究的模型添加可能相关的其他重要解释变量，如企业社会责任的披露成本和行业监管成本影响。

（3）开发更加客观、准确的指标评价体系。由于多方面原因，本研究数据来源多以二手资料和相关披露资料为主。期待在未来，学者们可以开发出更先进、更准确的评价工具，以使用更真实、客观的变量测量数据实证研究该领域的前沿性问题，保证研究结果的准确性与普适性。

附录1

制造业上市公司政治关联情况（关联为1，无关联为0）

股票代码	政治关联	中央政治关联	地方政治关联	股票代码	政治关联	中央政治关联	地方政治关联
000008	0	0	0	002471	0	0	0
000012	0	0	0	002473	0	0	0
000016	0	0	0	002476	0	0	0
000017	0	0	0	002480	0	0	0
000019	1	0	1	002483	0	0	0
000020	1	0	1	002487	0	0	0
000023	0	0	0	002489	0	0	0
000030	0	0	0	002491	0	0	0
000039	0	0	0	002494	0	0	0
000048	0	0	0	002496	0	0	0
000049	0	0	0	002498	0	0	0
000050	1	0	1	002501	0	0	0
000055	1	0	1	002506	0	0	0
000059	0	0	0	002508	0	0	0
000060	1	1	0	002510	0	0	0
000068	0	0	0	002512	0	0	0
000070	0	0	0	002516	0	0	0
000100	1	1	1	002520	0	0	0
000153	1	0	1	002522	0	0	0
000155	0	0	0	002526	0	0	0
000157	1	1	1	002531	0	0	0
000158	0	0	0	002533	0	0	0
000338	1	1	0	002535	0	0	0
000400	0	0	0	002537	0	0	0
000401	0	0	0	002539	0	0	0
000403	0	0	0	002541	0	0	0
000404	1	0	1	002545	0	0	0
000408	0	0	0	002548	0	0	0
000410	0	0	0	002551	0	0	0
000413	1	1	1	002553	0	0	0
000418	0	0	0	300001	0	0	0
000420	0	0	0	300003	0	0	0
000422	0	0	0	300004	0	0	0
000423	1	1	0	300005	0	0	0

续表

股票代码	政治关联	中央政治关联	地方政治关联	股票代码	政治关联	中央政治关联	地方政治关联
000425	0	0	0	300006	0	0	0
000488	0	0	0	300007	0	0	0
000509	0	0	0	300009	0	0	0
000510	0	0	0	300011	0	0	0
000513	1	0	1	300014	0	0	0
000518	1	0	1	300016	0	0	0
000519	0	0	0	300018	0	0	0
000521	0	0	0	300019	0	0	0
000523	0	0	0	300021	0	0	0
000525	1	0	1	300024	0	0	0
000528	0	0	0	300026	0	0	0
000529	1	0	1	300029	0	0	0
000530	0	0	0	300030	0	0	0
000533	0	0	0	300032	0	0	0
000538	0	0	0	300034	0	0	0
000545	0	0	0	300035	0	0	0
000546	0	0	0	300037	0	0	0
000550	0	0	0	300039	0	0	0
000553	0	0	0	300040	0	0	0
000559	1	1	0	300041	0	0	0
000565	0	0	0	300045	0	0	0
000566	0	0	0	300048	0	0	0
000568	0	0	0	300049	0	0	0
000570	0	0	0	300054	0	0	0
000572	0	0	0	300056	0	0	0
000576	0	0	0	300057	0	0	0
000581	0	0	0	300061	0	0	0
000584	0	0	0	300064	0	0	0
000585	1	0	1	300067	0	0	0
000587	1	0	1	300069	0	0	0
000589	0	0	0	300073	0	0	0
000590	0	0	0	300078	0	0	0
000595	1	0	1	300082	0	0	0
000596	0	0	0	300086	0	0	0
000597	1	0	1	300089	0	0	0
000599	0	0	0	300091	0	0	0
000611	0	0	0	300093	0	0	0

续表

股票代码	政治关联	中央政治关联	地方政治关联	股票代码	政治关联	中央政治关联	地方政治关联
000612	0	0	0	300097	0	0	0
000619	0	0	0	300100	0	0	0
000622	0	0	0	300109	0	0	0
000623	1	0	1	300111	0	0	0
000625	1	1	0	300114	0	0	0
000630	0	0	0	300116	0	0	0
000633	1	0	1	300119	0	0	0
000635	0	0	0	300121	0	0	0
000636	0	0	0	300123	0	0	0
000637	1	0	1	300126	0	0	0
000639	1	0	1	300128	0	0	0
000650	1	0	1	300130	0	0	0
000651	1	1	1	300134	0	0	0
000657	0	0	0	300136	0	0	0
000661	1	0	1	300138	0	0	0
000663	0	0	0	300140	0	0	0
000666	0	0	0	300142	0	0	0
000670	1	0	1	300145	0	0	0
000672	1	0	1	300147	0	0	0
000677	0	0	0	300151	0	0	0
000678	0	0	0	300154	0	0	0
000680	1	0	1	300156	0	0	0
000682	0	0	0	300159	0	0	0
000683	0	0	0	300161	0	0	0
000697	0	0	0	300163	0	0	0
000698	0	0	0	300169	0	0	0
000700	0	0	0	300173	0	0	0
000702	1	0	1	300175	0	0	0
000703	0	0	0	300179	0	0	0
000707	0	0	0	300185	0	0	0
000709	0	0	0	600010	0	0	0
000716	1	0	1	600019	1	0	1
000717	0	0	0	600022	0	0	0
000723	1	1	1	600031	1	1	0
000725	0	0	0	600038	0	0	0
000726	0	0	0	600055	0	0	0
000727	1	1	0	600056	0	0	0

续表

股票代码	政治关联	中央政治关联	地方政治关联	股票代码	政治关联	中央政治关联	地方政治关联
000729	0	0	0	600059	0	0	0
000731	0	0	0	600060	0	0	0
000733	0	0	0	600062	0	0	0
000737	0	0	0	600063	0	0	0
000738	0	0	0	600066	0	0	0
000751	0	0	0	600069	0	0	0
000752	1	0	1	600070	0	0	0
000755	0	0	0	600071	0	0	0
000756	0	0	0	600073	0	0	0
000757	0	0	0	600074	0	0	0
000760	1	0	1	600075	0	0	0
000761	0	0	0	600076	0	0	0
000766	1	0	1	600078	0	0	0
000768	0	0	0	600079	0	0	0
000777	0	0	0	600080	0	0	0
000778	0	0	0	600084	1	0	1
000782	0	0	0	600085	0	0	0
000786	0	0	0	600086	1	0	1
000788	0	0	0	600089	1	1	0
000789	0	0	0	600091	0	0	0
000790	0	0	0	600095	0	0	0
000792	0	0	0	600096	0	0	0
000795	1	0	1	600099	0	0	0
000800	0	0	0	600103	0	0	0
000803	0	0	0	600104	0	0	0
000806	1	0	1	600105	0	0	0
000807	1	0	1	600107	0	0	0
000811	0	0	0	600110	0	0	0
000813	0	0	0	600111	0	0	0
000815	0	0	0	600112	1	0	1
000818	0	0	0	600117	0	0	0
000819	1	1	0	600126	0	0	0
000821	0	0	0	600127	0	0	0
000822	1	0	1	600129	1	1	0
000823	0	0	0	600132	0	0	0
000825	0	0	0	600135	0	0	0
000830	0	0	0	600137	0	0	0

续表

股票代码	政治关联	中央政治关联	地方政治关联	股票代码	政治关联	中央政治关联	地方政治关联
000831	0	0	0	600139	0	0	0
000833	0	0	0	600141	1	1	1
000836	0	0	0	600143	1	1	1
000837	1	1	1	600145	0	0	0
000848	0	0	0	600146	0	0	0
000850	1	0	1	600148	0	0	0
000852	0	0	0	600150	0	0	0
000856	0	0	0	600151	0	0	0
000858	0	0	0	600152	0	0	0
000859	1	0	1	600156	1	0	1
000860	1	0	1	600160	1	0	1
000868	0	0	0	600161	0	0	0
000869	1	1	0	600165	0	0	0
000876	1	1	0	600166	1	1	1
000877	0	0	0	600169	0	0	0
000878	0	0	0	600171	0	0	0
000880	0	0	0	600172	0	0	0
000885	0	0	0	600176	0	0	0
000887	0	0	0	600183	1	0	1
000890	0	0	0	600184	0	0	0
000893	0	0	0	600186	0	0	0
000895	1	1	0	600189	1	1	1
000898	0	0	0	600191	0	0	0
000901	1	1	0	600192	0	0	0
000902	0	0	0	600195	0	0	0
000903	0	0	0	600196	0	0	0
000908	0	0	0	600197	0	0	0
000910	0	0	0	600199	1	1	1
000911	0	0	0	600201	0	0	0
000912	0	0	0	600202	0	0	0
000913	1	0	1	600206	0	0	0
000915	0	0	0	600210	0	0	0
000919	0	0	0	600211	0	0	0
000920	0	0	0	600213	1	0	1
000921	0	0	0	600216	1	1	1
000922	0	0	0	600218	0	0	0
000925	1	1	0	600219	0	0	0

续表

股票代码	政治关联	中央政治关联	地方政治关联	股票代码	政治关联	中央政治关联	地方政治关联
000927	0	0	0	600220	0	0	0
000929	0	0	0	600222	0	0	0
000930	1	1	0	600226	0	0	0
000932	0	0	0	600227	1	0	1
000933	1	1	0	600228	0	0	0
000949	0	0	0	600230	0	0	0
000950	1	0	1	600231	0	0	0
000951	0	0	0	600232	0	0	0
000952	0	0	0	600234	0	0	0
000955	1	0	1	600235	0	0	0
000957	0	0	0	600237	0	0	0
000959	1	0	1	600238	0	0	0
000960	0	0	0	600243	0	0	0
000962	0	0	0	600249	0	0	0
000967	0	0	0	600251	1	0	1
000969	1	1	1	600252	1	0	1
000970	1	1	1	600255	0	0	0
000972	1	0	1	600261	0	0	0
000973	0	0	0	600262	0	0	0
000976	1	0	1	600267	0	0	0
000980	0	0	0	600268	1	1	0
000982	0	0	0	600273	0	0	0
000988	0	0	0	600275	0	0	0
000989	1	1	1	600276	0	0	0
000990	1	1	0	600277	0	0	0
000995	0	0	0	600281	0	0	0
000999	1	1	0	600282	0	0	0
001696	1	1	1	600285	0	0	0
002001	0	0	0	600290	0	0	0
002002	1	1	0	600295	0	0	0
002003	0	0	0	600298	1	1	1
002004	0	0	0	600299	0	0	0
002005	1	0	1	600300	0	0	0
002006	1	0	1	600301	1	0	1
002007	1	1	1	600302	0	0	0
002008	1	0	1	600303	0	0	0
002009	1	0	1	600305	1	0	1

续表

股票代码	政治关联	中央政治关联	地方政治关联	股票代码	政治关联	中央政治关联	地方政治关联
002010	1	1	1	600307	0	0	0
002011	0	0	0	600308	0	0	0
002012	1	0	1	600309	0	0	0
002013	0	0	0	600312	1	0	1
002014	1	1	1	600315	0	0	0
002015	0	0	0	600316	0	0	0
002019	0	0	0	600319	0	0	0
002020	0	0	0	600320	0	0	0
002021	1	0	1	600321	1	0	1
002022	0	0	0	600328	1	0	1
002023	1	1	1	600329	0	0	0
002025	0	0	0	600330	0	0	0
002026	0	0	0	600331	1	0	1
002028	0	0	0	600332	1	0	1
002029	1	0	1	600336	0	0	0
002030	1	0	1	600343	0	0	0
002031	0	0	0	600346	0	0	0
002035	0	0	0	600351	0	0	0
002037	1	0	1	600352	0	0	0
002038	0	0	0	600353	0	0	0
002042	1	0	1	600355	0	0	0
002043	1	0	1	600356	0	0	0
002045	1	0	1	600360	1	0	1
002046	0	0	0	600362	0	0	0
002048	1	0	1	600363	1	0	1
002049	0	0	0	600365	0	0	0
002050	0	0	0	600366	0	0	0
002053	0	0	0	600367	0	0	0
002054	0	0	0	600370	0	0	0
002055	0	0	0	600372	0	0	0
002056	0	0	0	600375	1	1	1
002057	0	0	0	600378	0	0	0
002058	0	0	0	600379	1	1	1
002064	1	0	1	600380	0	0	0
002066	0	0	0	600381	0	0	0
002067	0	0	0	600385	0	0	0
002068	0	0	0	600388	0	0	0

续表

股票代码	政治关联	中央政治关联	地方政治关联	股票代码	政治关联	中央政治关联	地方政治关联
002070	1	1	1	600389	0	0	0
002073	1	1	0	600391	1	0	1
002074	1	0	1	600392	1	0	1
002075	0	0	0	600398	0	0	0
002076	0	0	0	600399	0	0	0
002078	1	1	0	600400	0	0	0
002079	1	0	1	600401	1	0	1
002080	0	0	0	600405	0	0	0
002082	0	0	0	600408	1	1	0
002083	0	0	0	600409	1	1	1
002085	1	1	1	600416	1	0	1
002087	0	0	0	600418	0	0	0
002090	0	0	0	600419	0	0	0
002092	1	0	1	600420	0	0	0
002094	0	0	0	600421	1	0	1
002096	1	1	1	600422	1	0	1
002097	0	0	0	600423	0	0	0
002098	1	0	1	600425	0	0	0
002099	0	0	0	600429	0	0	0
002100	1	0	1	600433	1	1	0
002101	1	0	1	600435	0	0	0
002102	0	0	0	600436	1	0	1
002103	1	0	1	600438	1	1	0
002104	0	0	0	600439	1	1	1
002106	1	0	1	600444	1	1	1
002107	0	0	0	600448	0	0	0
002108	0	0	0	600449	0	0	0
002109	0	0	0	600456	0	0	0
002110	0	0	0	600458	0	0	0
002111	0	0	0	600459	0	0	0
002112	0	0	0	600460	0	0	0
002114	0	0	0	600468	0	0	0
002118	0	0	0	600470	0	0	0
002119	0	0	0	600475	0	0	0
002121	1	0	1	600478	0	0	0
002122	1	0	1	600479	1	1	1
002124	0	0	0	600480	1	1	0

续表

股票代码	政治关联	中央政治关联	地方政治关联	股票代码	政治关联	中央政治关联	地方政治关联
002125	0	0	0	600481	1	0	1
002126	1	0	1	600482	0	0	0
002129	0	0	0	600486	0	0	0
002130	1	0	1	600487	0	0	0
002132	0	0	0	600488	0	0	0
002134	0	0	0	600490	0	0	0
002136	0	0	0	600495	0	0	0
002139	0	0	0	600499	0	0	0
002141	1	0	1	600500	0	0	0
002144	1	0	1	600501	1	1	0
002145	0	0	0	600507	0	0	0
002149	0	0	0	600513	0	0	0
002150	0	0	0	600516	0	0	0
002152	0	0	0	600517	0	0	0
002154	0	0	0	600518	0	0	0
002156	0	0	0	600519	1	0	1
002157	0	0	0	600520	0	0	0
002160	0	0	0	600521	1	0	1
002164	1	0	1	600522	0	0	0
002165	1	0	1	600523	0	0	0
002166	1	0	1	600525	0	0	0
002167	1	1	1	600526	0	0	0
002168	0	0	0	600527	0	0	0
002169	0	0	0	600528	0	0	0
002170	1	0	1	600529	0	0	0
002171	1	0	1	600530	0	0	0
002172	1	0	1	600531	1	0	1
002176	1	0	1	600535	1	1	1
002177	0	0	0	600537	0	0	0
002179	0	0	0	600539	0	0	0
002180	0	0	0	600543	0	0	0
002182	0	0	0	600549	0	0	0
002184	0	0	0	600550	0	0	0
002185	1	0	1	600552	0	0	0
002189	0	0	0	600557	1	1	0
002190	1	0	1	600558	1	0	1
002191	0	0	0	600559	0	0	0

续表

股票代码	政治关联	中央政治关联	地方政治关联	股票代码	政治关联	中央政治关联	地方政治关联
002193	1	1	1	600560	0	0	0
002196	1	0	1	600562	0	0	0
002197	0	0	0	600566	0	0	0
002198	0	0	0	600567	0	0	0
002199	0	0	0	600568	0	0	0
002201	0	0	0	600569	1	0	1
002202	1	1	0	600572	1	1	0
002203	0	0	0	600573	0	0	0
002204	0	0	0	600577	0	0	0
002205	0	0	0	600579	0	0	0
002206	1	0	1	600580	0	0	0
002209	1	0	1	600581	0	0	0
002211	0	0	0	600582	0	0	0
002212	1	0	1	600584	0	0	0
002213	0	0	0	600585	0	0	0
002214	0	0	0	600586	1	1	0
002215	0	0	0	600587	1	1	1
002216	1	0	1	600589	1	0	1
002217	1	0	1	600590	0	0	0
002218	0	0	0	600592	0	0	0
002219	0	0	0	600594	0	0	0
002220	0	0	0	600596	0	0	0
002222	0	0	0	600597	0	0	0
002223	0	0	0	600600	1	0	1
002224	0	0	0	600608	0	0	0
002225	1	0	1	600609	1	0	1
002226	0	0	0	600612	1	0	1
002228	0	0	0	600613	1	1	1
002229	1	0	1	600614	0	0	0
002233	0	0	0	600615	0	0	0
002236	0	0	0	600616	0	0	0
002237	1	0	1	600618	0	0	0
002239	0	0	0	600619	0	0	0
002240	0	0	0	600623	0	0	0
002241	1	0	1	600630	0	0	0
002242	0	0	0	600636	0	0	0
002243	0	0	0	600651	1	0	1

续表

股票代码	政治关联	中央政治关联	地方政治关联	股票代码	政治关联	中央政治关联	地方政治关联
002246	0	0	0	600664	0	0	0
002247	1	0	1	600666	0	0	0
002248	1	0	1	600667	1	0	1
002249	1	0	1	600668	0	0	0
002250	1	0	1	600671	1	0	1
002254	0	0	0	600673	0	0	0
002255	0	0	0	600678	1	0	1
002256	1	0	1	600679	1	0	1
002258	0	0	0	600685	0	0	0
002260	0	0	0	600686	0	0	0
002262	0	0	0	600687	1	1	1
002263	1	1	1	600688	0	0	0
002265	0	0	0	600689	0	0	0
002266	1	0	1	600691	0	0	0
002269	1	1	1	600698	0	0	0
002270	1	0	1	600699	1	0	1
002271	1	0	1	600702	1	1	1
002272	0	0	0	600703	1	0	1
002273	1	0	1	600707	0	0	0
002274	0	0	0	600720	0	0	0
002275	1	1	0	600722	0	0	0
002276	0	0	0	600725	0	0	0
002278	1	0	1	600731	0	0	0
002282	1	0	1	600735	0	0	0
002283	1	0	1	600737	0	0	0
002284	0	0	0	600740	0	0	0
002286	1	1	1	600741	0	0	0
002287	1	1	1	600742	0	0	0
002288	1	0	1	600750	0	0	0
002289	1	1	0	600760	0	0	0
002290	1	0	1	600761	0	0	0
002291	1	0	1	600765	0	0	0
002292	1	0	1	600768	0	0	0
002293	0	0	0	600771	0	0	0
002294	1	0	1	600781	1	1	1
002295	0	0	0	600782	0	0	0
002297	1	1	0	600789	0	0	0

续表

股票代码	政治关联	中央政治关联	地方政治关联	股票代码	政治关联	中央政治关联	地方政治关联
002300	0	0	0	600792	0	0	0
002301	1	0	1	600796	1	0	1
002302	0	0	0	600800	0	0	0
002303	0	0	0	600802	0	0	0
002304	0	0	0	600803	0	0	0
002309	0	0	0	600808	0	0	0
002311	1	0	1	600809	0	0	0
002317	0	0	0	600810	1	0	1
002318	0	0	0	600812	1	1	0
002319	1	0	1	600815	0	0	0
002322	1	0	1	600818	1	0	1
002324	1	1	1	600819	0	0	0
002326	0	0	0	600835	0	0	0
002327	0	0	0	600836	0	0	0
002328	0	0	0	600839	1	0	1
002329	1	0	1	600841	0	0	0
002330	1	1	1	600843	0	0	0
002332	1	1	1	600844	0	0	0
002334	0	0	0	600847	1	0	1
002335	1	0	1	600851	1	0	1
002337	0	0	0	600855	0	0	0
002338	0	0	0	600860	0	0	0
002339	0	0	0	600862	1	0	1
002341	0	0	0	600866	1	0	1
002342	1	1	1	600867	0	0	0
002345	1	0	1	600869	1	1	1
002346	1	0	1	600872	0	0	0
002347	1	0	1	600873	0	0	0
002348	1	0	1	600875	1	0	1
002349	0	0	0	600876	0	0	0
002350	0	0	0	600877	0	0	0
002351	0	0	0	600879	0	0	0
002353	0	0	0	600881	1	1	1
002355	0	0	0	600882	0	0	0
002358	0	0	0	600883	0	0	0
002361	1	1	1	600884	0	0	0
002364	0	0	0	600885	0	0	0

续表

股票代码	政治关联	中央政治关联	地方政治关联	股票代码	政治关联	中央政治关联	地方政治关联
002366	0	0	0	600887	0	0	0
002370	0	0	0	600888	0	0	0
002372	0	0	0	600889	0	0	0
002378	0	0	0	600891	0	0	0
002380	0	0	0	600893	0	0	0
002382	1	0	1	600894	0	0	0
002385	0	0	0	600898	0	0	0
002387	0	0	0	600960	0	0	0
002389	0	0	0	600961	0	0	0
002391	0	0	0	600962	1	1	0
002393	0	0	0	600963	0	0	0
002395	0	0	0	600966	0	0	0
002399	0	0	0	600967	1	1	0
002403	0	0	0	600973	1	0	1
002406	0	0	0	600978	1	1	1
002408	0	0	0	600980	0	0	0
002411	0	0	0	600983	0	0	0
002414	0	0	0	600984	0	0	0
002418	0	0	0	600985	0	0	0
002422	0	0	0	600987	1	1	0
002424	0	0	0	600997	0	0	0
002427	0	0	0	601002	1	0	1
002429	0	0	0	601005	1	0	1
002432	0	0	0	601106	0	0	0
002434	0	0	0	601137	0	0	0
002437	0	0	0	601179	0	0	0
002440	0	0	0	601369	1	0	1
002443	0	0	0	601600	1	0	1
002448	0	0	0	601616	0	0	0
002450	0	0	0	601700	0	0	0
002452	0	0	0	601718	0	0	0
002454	0	0	0	601727	0	0	0
002456	0	0	0	601766	0	0	0
002459	0	0	0	601799	0	0	0
002461	0	0	0	601877	1	1	1
002466	0	0	0	601989	0	0	0

附录2

发布报告制造业上市公司履行实质性评分

股票代码	2015	2016	2017
000012	27.9492	28.2422	38.6719
000039	33.2813	34.1016	56.4844
000050	51.6182	53.1445	53.1445
000060	27.2461	27.8906	30.2344
000338	38.6719	45.2344	47.9297
000423	42.3633	52.1484	33.8672
000425	43.2422	47.0508	28.8281
000528	40.0781	39.2578	47.7539
000538	25.7227	29.8242	54.8438
000547	35.2734	35.4492	29.3555
000550	25.3125	23.6719	42.1289
000559	31.2305	29.8242	22.8516
000568	24.2578	27.1875	25.2539
000581	34.7461	41.0742	28.8281
000596	34.2188	36.5625	29.7070
000623	38.0273	40.3711	27.4219
000625	33.8086	36.2109	39.0234
000630	41.3672	41.6602	26.9531
000635	30.4102	35.9180	31.5820
000651	29.8828	34.6540	39.0234
000680	31.8750	32.2266	45.4688
000725	21.3281	22.4414	52.2070
000726	43.3008	38.7680	33.6328
000729	45.9961	47.2266	35.6250
000778	31.6406	38.3203	31.4648
000792	40.3711	39.3164	33.7500
000800	28.8281	30.4688	29.9414
000807	34.9805	44.2969	39.7266
000819	24.4922	31.4648	24.2578
000825	35.8008	38.2617	55.0195
000858	21.6211	24.1406	46.5820
000869	37.4414	31.9922	26.3086
000878	22.4414	27.1289	43.8867

续表

股票代码	2015	2016	2017
000885	32.6953	33.3398	21.6211
000895	27.8320	28.1250	33.8086
000898	34.4531	30.4688	43.5352
000927	30.7617	30.5273	28.6523
000930	30.9961	31.8750	37.5000
000933	44.6484	42.8320	25.3125
000960	30.9961	35.0391	44.4727
000962	30.6445	30.0586	31.7578
000968	42.0703	46.8164	29.6484
000969	43.7109	40.0781	32.9883
000970	37.3242	26.4844	17.2266
000999	25.4297	25.4883	44.3555
002001	28.1250	29.5313	21.8555
002003	26.3672	23.5547	32.4023
002006	36.0938	35.0977	31.2891
002007	32.4023	33.3984	26.7188
002008	27.3633	32.4023	32.0508
002035	28.3008	26.4258	34.5117
002038	44.5313	44.8828	33.9258
002042	29.7070	30.5859	45.4102
002046	26.0156	25.9880	25.3125
002054	38.5547	37.7344	36.1523
002056	34.3359	32.7567	30.1172
002070	29.6484	30.0586	28.5352
002073	30.8789	30.7031	28.4766
002078	26.9531	33.9844	32.8711
002079	25.6641	28.5352	32.3438
002080	31.2305	35.0977	30.9375
002084	27.0117	34.4560	40.1367
002092	28.7109	33.4570	35.9180
002098	21.8359	31.4450	37.1875
002102	38.1445	42.5977	32.8711
002106	44.5313	43.9453	27.6563
002110	36.2109	34.9805	35.1563
002121	26.5430	24.2578	31.3477
002144	25.3945	27.2461	29.7860
002161	34.3359	37.9880	41.3086

续表

股票代码	2015	2016	2017
002162	27.3633	29.3555	36.4453
002165	28.6523	30.8203	33.2227
002189	25.8984	24.1992	21.5625
002216	25.4297	29.5898	25.1953
002222	32.2266	34.3945	22.6758
002224	33.9258	33.5742	34.7650
002229	24.5508	26.6016	30.2930
002233	43.1836	46.0547	28.3594
002236	27.4805	32.9297	37.0313
002241	29.5898	33.2227	36.3867
002249	28.2422	29.8828	42.0703
002250	41.1914	44.0625	41.4258
002269	27.0703	25.7650	20.9766
002271	30.2344	30.3516	45.4688
002281	20.8008	25.2539	32.5195
002287	36.8555	36.9141	42.5977
002296	19.1602	21.2695	22.0898
002300	29.1797	32.2852	28.8867
002304	22.2070	26.8760	32.7539
002340	27.0117	24.9023	52.5781
002348	38.1445	41.7188	29.8828
002372	27.5977	28.4180	33.1055
002396	32.2266	31.7578	18.5742
002415	24.6680	25.0781	30.6445
002417	37.3242	28.6670	20.2734
002422	34.2773	32.6953	39.8438
002423	23.3203	23.7305	24.2578
002438	31.4063	28.7109	32.4023
002470	27.2461	28.0664	42.4219
002498	31.0547	31.2891	33.9258
002508	36.6211	36.6211	28.7695
002509	27.4805	29.0039	22.2656
002517	28.9453	28.1836	21.7383
002527	33.5742	31.4063	40.3125
002529	25.1367	22.6758	22.7650
002535	22.2656	26.0156	26.7773
002543	23.3203	14.5898	31.1719

续表

股票代码	2015	2016	2017
002548	21.6211	29.0625	33.1055
002557	29.6484	33.9844	26.1914
002560	29.8242	31.9336	32.8760
002595	36.2109	32.5670	24.3750
002601	35.9180	47.4023	49.2773
002635	30.2344	30.5859	34.6289
002641	23.9063	23.8477	28.7109
002656	28.9453	28.7109	28.4180
002674	25.0781	25.5469	28.0078
300004	23.7305	25.8984	25.4297
300007	24.8438	29.2969	27.4219
300016	27.8906	28.1836	35.0391
300019	26.0742	28.5938	47.4609
300034	34.8047	36.2695	30.0000
300067	31.9922	35.6836	27.0117
300077	17.1680	15.4688	27.0703
300110	36.9141	37.7930	26.4844
300124	37.0313	42.8906	34.5703
300132	26.8945	27.5391	25.9570
300179	31.2305	34.7461	25.7813
300198	21.4453	26.1914	22.8516
300259	30.1758	25.0781	26.1914
600006	27.4805	30.8203	40.6641
600019	32.9883	33.5742	53.6719
600031	36.6211	38.0859	33.9844
600056	38.4375	46.6992	34.5703
600059	33.2813	33.0469	29.7070
600060	21.6211	20.5664	17.0508
600062	23.0273	26.7773	48.1641
600063	18.5742	20.7422	40.0781
600066	54.8174	53.6719	23.4961
600071	32.5391	36.8750	20.0391
600085	35.9766	40.1367	24.0820
600089	26.7188	24.6094	39.5508
600096	28.1250	24.6680	34.1016
600100	33.8086	32.9883	14.7656
600103	25.7227	24.8438	35.0977

续表

股票代码	2015	2016	2017
600104	34.6875	31.8164	52.6758
600110	32.7539	25.8398	25.1953
600111	21.0938	22.2656	32.2852
600117	34.2188	42.3633	28.6523
600118	24.4922	24.0820	30.7617
600141	32.5195	40.9570	22.0898
600151	30.6445	31.8164	26.7773
600160	26.3672	29.8242	40.4883
600161	22.2656	27.1289	34.9805
600166	28.3008	27.4219	31.4648
600171	31.9922	34.7461	36.0352
600176	23.0273	18.9844	28.4180
600177	30.0586	28.9453	28.2422
600183	38.4961	38.7891	36.5625
600195	66.2915	65.5957	20.2148
600196	22.7344	35.0391	65.1563
600197	28.7109	28.6523	34.2773
600206	24.4336	26.4258	22.5000
600210	31.5234	32.9297	24.0234
600218	24.0820	22.6758	24.0820
600227	21.9727	30.1113	23.5547
600243	30.8203	28.5938	18.2227
600251	23.3203	29.4727	27.3047
600252	46.3477	47.8711	28.8281
600261	26.7773	25.8984	23.7305
600262	23.3789	23.6719	24.6094
600267	29.3555	35.2734	40.7813
600282	27.8320	24.9023	42.8320
600288	28.0664	30.1172	24.6094
600298	39.4922	36.3867	24.1406
600303	21.7383	21.7969	25.2539
600307	20.9766	22.0313	25.1953
600308	26.9531	28.0078	28.8867
600309	33.1055	38.0273	20.7422
600329	27.0117	48.0469	31.9922
600332	21.3281	24.2578	42.5977
600337	42.3828	41.1914	29.7070

续表

股票代码	2015	2016	2017
600351	25.3125	28.2422	23.7305
600352	19.2773	24.7266	35.3906
600356	29.0039	31.3477	30.6445
600360	33.5156	32.9297	31.9922
600362	29.7656	31.1719	28.5938
600367	35.9180	34.6289	18.7500
600372	30.1172	27.8906	23.5547
600388	26.0156	25.2539	22.5000
600389	35.3906	31.2305	35.3906
600409	25.8398	27.0703	33.4570
600418	34.5117	35.7422	20.6836
600422	31.4063	33.3984	24.0234
600423	26.6016	27.6563	25.7813
600432	28.6523	29.5898	29.3555
600435	24.4922	27.3633	30.5859
600436	25.7227	27.5391	27.8906
600439	21.6797	21.6211	24.5508
600456	28.3594	28.7695	32.6367
600458	27.8320	29.8828	31.2891
600460	33.3984	34.4531	26.6016
600468	35.4492	32.5748	25.1367
600469	25.7227	25.3711	28.8281
600483	25.0781	25.4297	33.0469
600486	37.0313	35.9180	28.7109
600488	31.4063	33.1055	27.3633
600493	23.0273	23.5547	26.7773
600495	45.1758	44.2383	29.2969
600498	33.9844	36.3867	33.1641
600499	26.7188	28.4766	25.1367
600500	30.1758	31.6992	33.2813
600507	30.2930	31.5234	21.2695
600517	27.6563	27.7734	36.7969
600518	25.4883	30.8789	35.7422
600525	21.5039	21.3281	36.0352
600526	24.9023	25.5469	28.2422
600531	26.5430	26.8945	26.1328
600535	26.9531	26.6016	31.8164

续表

股票代码	2015	2016	2017
600549	26.0156	24.3750	25.6055
600560	21.7969	21.2109	24.3164
600569	20.3320	20.8594	29.8828
600573	45.4688	47.4023	27.1875
600582	52.5410	55.1367	21.6797
600585	25.6641	24.6680	29.0625
600592	50.3877	51.0938	29.1797
600595	55.4326	49.3359	17.3438
600596	42.8320	47.2266	31.0547
600597	30.0000	32.8125	38.2031
600600	35.9766	38.3789	43.4180
600601	25.1953	27.4805	26.8945
600616	27.0703	29.1211	38.7305
600618	36.5039	29.8242	45.2930
600619	23.9063	25.4297	51.2695
600623	30.9961	31.5820	25.6055
600660	24.3164	22.3242	30.2344
600680	27.1875	25.8398	23.8477
600685	41.1328	40.0195	39.9023
600688	35.6250	31.2891	47.8125
600702	33.9844	33.5156	30.0586
600725	42.3633	42.8320	31.6406
600737	21.8555	25.3711	32.8711
600741	41.6016	47.6367	41.7188
600750	44.0039	29.4141	29.1211
600761	31.2891	30.2930	48.1055
600765	31.5820	34.3359	26.6016
600775	26.0742	26.6602	26.1914
600792	27.5977	29.5313	39.6094
600802	25.0195	27.6563	26.6602
600808	45.6445	46.1133	20.8008
600809	37.9688	40.6641	37.2656
600815	22.4414	25.2539	30.0586
600829	33.3398	35.1563	30.5640
600835	27.7734	27.4219	32.1094
600836	26.7188	27.2461	27.8906
600839	32.9297	31.1719	26.1328

续表

股票代码	2015	2016	2017
600841	27.5977	36.3281	27.6563
600873	25.1367	21.7383	30.8203
600875	39.3750	42.5391	26.8359
600876	31.0156	28.4180	26.9531
600881	25.3125	25.8984	24.9609
600884	17.2852	14.1211	32.5195
600888	24.2578	29.4727	33.8086
600889	27.0703	27.3633	22.7930
600893	46.3477	45.4688	40.8398
600962	31.8750	30.8789	40.1953
600970	35.6250	35.6250	28.1836
600973	35.9180	37.7344	14.2383
600980	41.1328	32.2852	24.4336
600987	39.4336	46.3477	21.2695
600997	28.4766	29.6484	30.2930
601038	26.3086	34.6289	36.6211
601177	32.7539	32.8711	38.3203
601238	27.3633	29.9414	50.4492
601313	45.3516	45.7031	33.9258
601339	31.4063	33.2227	45.8203
601369	41.6602	43.1836	40.0195
601515	31.2109	26.3672	23.6719
601566	23.3789	23.9648	24.0820
601600	51.3105	57.6563	41.4844
601633	30.0586	33.2227	26.5430
601636	43.5938	44.2383	27.3633
601717	47.8125	46.6406	21.5625
601766	42.7734	42.3633	35.7422
601877	52.1719	51.7383	41.1328
601989	42.4219	41.0742	40.1367
601992	23.2617	22.2070	40.0781

参考文献

[1] Abbott W F, Monsen R J. On the measurement of corporate social responsibility: Self-reported disclosures as a method of measuring corporate social involvement [J] . Academy of Management Journal, 1979, 22: 501-515.

[2] Adams M, Hardwick P. An analysis of corporate donations: United Kingdom evidence [J] . Journal of Management Studies, 1998, 35 (5) : 14.

[3] Adhikari A, Derashid C, Zhang H. Public policy, political connections, and effective tax rates: Longitudinal evidence from Malaysia [J] . Journal of Accounting & Public Policy, 2007, 25 (5) : 574-595.

[4] Agle B R, Mitchell R K, Sonnenfeld J A. Who matters to CEOs? An investigation of stakeholder attributes and salience, corporate performance, and CEO values [J] . Academy of Management Journal, 1999, 42 (5) : 507-525.

[5] Aguinis H, Glavas A. What we know and don't know about corporate social responsibility a review and research agenda [J] . Journal of Management, 2012, 38 (4) : 932-968.

[6] Ählström J. Corporate response to CSO criticism: Decoupling the corporate responsibility discourse from business practice [J] . Corporate Social Responsibility & Environmental Management, 2010, 17 (2) : 70-80.

[7] Amato L H, Amato C H. The effects of firm size and industry on corporate giving [J] . Journal of Business Ethics, 2007, 72 (3) : 229-241.

[8] Andrews K T. Social movements and policy implementation: The Mississippi Civil Rights Movement and the War on Poverty, 1965 to 1971 [J] . American Sociological Review, 2001, 66 (1) : 71-95.

[9] Andrews, Thomas W. Critics on D.H. Lawrence [M] . Allen and Unwin, 1971.

[10] Anup Agrawal, Charles R Knoeber. Do some outside directors play a political role? [J] . Social Science Electronic Publishing, 2001, 44 (1) : 179-198.

[11] Arora P, Dharwadkar R. Corporate governance and corporate social responsibility (CSR): The moderating roles of attainment discrepancy and organization slack [J] . Corporate Governance: An International Review, 2011, 19 (2) : 136-152.

[12] Atkinson L, Galaskiewicz J. Stock ownership and company contributions to charity [J] .

Administrative Science Quarterly, 1988, 33 (1) : 82-100.

[13] Aupperle K E, Carroll A B, Hatfield J D. An empirical investigation of the relationship between corporate social responsibility and profitability [J] . Academy of Management Journal, 1985, 28: 446-463.

[14] Backman, J (Ed.) . Social responsibility and accountability [M] . Journal of Anaesthesiology Clinical, 1975.

[15] Baron J N, Newman A E. For what it's worth: Organizations, occupations, and the value of work done by women and nonwhites [J] . American Sociological Review, 1990, 55 (2) : 155-175.

[16] Baumann-Pauly D, Scherer A G. Organizing corporate social responsibility in small and large firms: Size matters [J] . Journal of Business Ethics, 2013, 115 (4) : 693-705.

[17] Beckman C M, Burton M D, O' Reilly C. Early teams: The impact of team demography on VC financing and going public [J] . Journal of Business Venturing, 2007, 22 (2) : 147-173.

[18] Berliner D, Prakash A. "Bluewashing" the firm? Voluntary regulations, program design, and member compliance with the United Nations Global Compact [J] . Policy Studies Journal, 2015, 43 (1) : 115-138.

[19] Barichello L B, Siewert C E, Wheeler D, et al. Including the stakeholders: The business case [J] . Long Range Planning, 1998, 31 (2) : 201-210.

[20] Bhatia A. The corporate social responsibility report: The hybridization of a "confused" genre (2007-2011) [J] . IEEE Transactions on Professional Communication, 2012, 55 (3) : 221-238.

[21] Bhattacharya C B, Sen S. Consumer-company identification: A framework for understanding consumers' relationships with companies [J] . Journal of Marketing, 2003, 67 (2) : 76-88.

[22] Bidhan L Parmar, R Edward Freeman, Jeffrey S Harrison, et al. Stakeholder theory: The state of the art [J] . Academy of Management Annals, 2010, 4 (1) : 403-445.

[23] Blair M M. Ownership and control: rethinking corporate governance for the twenty-first century [J] . Challenge, 1996, 39 (1) : 62-64.

[24] Bondy K, Moon J, Matten D. An institution of corporate social responsibility (CSR) in multi-national corporations (MNCs) : Form and implications [J] . Journal of Business Ethics, 2012, 111 (2) : 281-299.

[25] Bouten L. Whose call to answer: Institutional complexity and firms' CSR reporting [J] . Social & Environmental Accountability Journal, 2016, 60 (1) .

[26] Bowen F, Aragon-Correa J A. Greenwashing in corporate environmentalism research and practice: The importance of what we say and do [J] . Organization & Environment, 2014, 27 (2) : 107-112.

[27] Bowen H R, Gond J P, Bowen P G. Social responsibilities of the businessman [J] . American Catholic Sociological Review, 1954, 15 (1) : 266.

[28] Brammer S, Pavelin S. Factors influencing the quality of corporate environmental disclosure [J] . Business Strategy & the Environment, 2010, 17 (2) : 120-136.

[29] Brammer S J, Pavelin S, Porter L A. Corporate social performance and geographical diversification [J] . Journal of Business Research, 2006, 59 (9) : 1025-1034.

[30] Brammer S, Hoejmose S, Marchant K. Environmental management in SMEs in the UK: Practices, pressures and perceived benefits [J] . Business Strategy & the Environment, 2012, 21 (7) : 423-434.

[31] Camacho A. Adaptation costs, coordination costs, and optimal firm size [J] . Journal of Economic Behavior & Organization, 1991, (1) .

[32] Campbell J L . Why would corporations behave in socially responsible ways? An institutional theory of corporate social responsibility [J] . Academy of Management Review, 2007, 32 (3) : 946-967.

[33] Carroll A B. A three-dimensional conceptual model of corporate performance [J] . Academy of Management Review, 1979, 4 (4) : 497-505.

[34] Carroll A B. The pyramid of corporate social responsibility: Toward the moral management of organizational stakeholders [J] . Business Horizons, 1991, 34 (4) : 39-48.

[35] Carroll A B. Social issues in management research: Experts' views, analysis and commentary [J] . Business & Society, 1994, 33: 5-29.

[36] Carroll Archie B. Managing corporate social responsibility [M] . Little Brown, 1977.

[37] Chen J C, Patten D M, Roberts R W. Corporate charitable contributions: a corporate social performance or legitimacy strategy? [J] . Journal of Business Ethics, 2008, 82 (1) : 131-144.

[38] Chen Y S, Lin C L, Chang C H. The influence of greenwash on green word-of-mouth (green WOM) : The mediation effects of green perceived quality and green satisfaction [J] .

Quality & Quantity, 2014, 48 (5) : 2411-2425.

[39] Claessens S, Feijen E, Laeven L. Political connections and preferential access to finance: The role of campaign contributions [J]. Journal of Financial Economics, 2008, 88 (3) : 554-580.

[40] Cochran P L, Wood R A. Corporate social responsibility and financial performance [J]. Academy of Management Journal, 1984, 27: 42-56.

[41] Committee for Economic Development. Social responsibilities of business corporations [M]. New York: Author, 1971.

[42] Contreras J L. European commission-DG enterprise and industry-public consultation on patents and standards-responses submitted by Prof. Jorge L Contreras [J]. Journal of Craniofacial Surgery, 2015, 26 (8) : 776-80.

[43] Darnall N, Henriques I, Sadorsky P. Adopting proactive environmental strategy: The influence of stakeholders and firm size [J]. Journal of Management Studies, 2010, 47 (6) : 1072-1094.

[44] Darus F, Mad S, Yusoff H. The importance of ownership monitoring and firm resources on corporate social responsibility (CSR) of financial institutions [J]. Procedia Social and Behavioral Sciences, 2014, 145: 173-180.

[45] Davis J H, Schoorman F D, Donaldson L. Toward a stewardship theory of management [J]. Academy of Management Review, 1997, 22 (1) : 20-47.

[46] Davis K. Understanding the social responsibility puzzle: What does the businessman owe to society? [J]. Business Horizons, 1967, 10: 45-50.

[47] Davis K. The case for and against business assumption of social responsibilities [J]. Academy of Management Journal, 1976, 16: 312-322.

[48] Davis K, Blomstrom R L. Business and its environment [M]. New York: McGraw Hill, 1966.

[49] Delmas M A, Burbano V C. The drivers of greenwashing [J]. California Management Review, 2011, 54 (1) : 64-87.

[50] Delmas M A, Toffel M W. Organizational responses to environmental demands: opening the black box [J]. Strategic Management Journal, 2010, 29 (10) : 1027-1055.

[51] Delmas M, Burbano V. The drivers of greenwashing [J]. California Management Review, 2011, 54: 64-87.

[52] F Dobbin, D Schrage, A Kalev. Someone to watch over me: Coupling, decoupling, and

unintended consequences in corporate equal opportunity [D]. Harvard University Sociology Department, 2010.

[53] Doh J, Rodrigues S, Saka-Helmhout A, et al. International business responses to institutional voids [J]. Journal of International Business Studies, 2017, 48 (3): 293-307.

[54] Downs A. Bureaucratic structure and decisionmaking [J]. Administrative Organization, 1966, (1).

[55] Drucker, P F. The new meaning of corporate social responsibility [J]. California Management Review, 1984, 26: 53-63.

[56] Du Xingqiang. How the market values greenwashing? Evidence from China [J]. Journal of Business Ethics, 2015, 128 (3): 547-574.

[57] Dugger W M. The economic institutions of capitalism [J]. Journal of Economic Issues, 1987, 21 (1): 528-530.

[58] Dyck A, Volchkova N, Zingales L. The corporate governance role of the media: Evidence from Russia [J]. Journal of Finance, 2008, 63 (3): 1093-1135.

[59] Eells R, Walton C. Conceptual foundations of business [M]. 3ed. BurrRidge, IL: Irwin, 1974.

[60] Egri C P, Yu J S. The influence of stakeholder pressures on corporate social responsibility in East Asia [J]. Hong Kong: IACMR Conference, 2012.

[61] Eisner C, Fisman D. A practical introduction to PSL [J]. Series on Integrated Circuits & Systems, 2006.

[62] Epstein E M. The corporate social policy process: Beyond business ethics, corporate social responsibility, and corporate social responsiveness [J]. California Management Review, 1987, 29: 99-114.

[63] European Commission. Promoting a European framework for corporate social responsibility [J]. COM, 2001: 366 (7).

[64] Fairbrass J. Exploring corporate social responsibility policy in the European Union: A discursive institutionalist analysis [J]. JCMS, 2011, 49 (5): 949-70.

[65] Fernάndez-Kranz D, Santalό J. When necessity becomes a virtue: The effect of product market competition on corporate social responsibility [J]. Journal of Economics & Management Strategy, 2010, 19 (2): 453-487.

[66] Fitch, H G. Achieving corporate social responsibility [J]. Academy of Management

Review, 1976, (1): 38-46.

[67] Frederick W C. The growing concern over business responsibility [J]. California Management Review, 1960, 2: 54-61.

[68] Freeman R E, Evan W M. Corporate governance: A stakeholder interpretation [J]. Journal of Behavioral Economics, 1990, 19 (4): 337-359.

[69] Freeman R E. The politics of stakeholder theory: Some future directions [J]. Business Ethics Quarterly, 1994, 4 (4): 409-421.

[70] Friedman M. The social responsibility of business is to increase its profits [J]. New York Times Magazine, 1984, 32 (6): 173-178.

[71] Gallego-Álvarez I, Prado-Lorenzo J, Rodríguez-Domínguez L. Are social and environmental practices a marketing tool? [J]. Management Decision, 2012, 48 (10): 1440-1455.

[72] George A Steiner, John F Steiner. Business, government, and society: A managerial perspective, text and cases [M]. The McGraw Hill Companies, 1997.

[73] Goldman E, Rocholl J, So J. Do politically connected boards affect firm value? [J]. Review of Financial Studies, 2009, 22 (6): 2331-2360.

[74] Gomulya D, Boeker W. How firms respond to financial restatement: CEO successors and external reactions [J]. Academy of Management Journal, 2014, 57 (6): 1759-1785.

[75] Gray S J, Vint H M. The impact of culture on accounting disclosures: Some international evidence [J]. Asia-Pacific Journal of Accounting & Economics, 1995, 2 (1): 33-43.

[76] Haack P, Schoeneborn D, Wickert C. Talking the talk, moral entrapment, creeping commitment? Exploring narrative dynamics in corporate responsibility standardization [J]. Organization Studies, 2012, 33 (5-6): 815-845.

[77] Hansen B E. Threshold effects in non-dynamic panels: Estimation, testing, and inference [J]. Journal of Econometrics, 1999, 93 (2): 345-368.

[78] Harris P. Militarism in Environmental Disguise: The greenwashing of an overseas military base [J]. International Political Sociology, 2015, 9 (1): 19-36.

[79] Hasan M M, Habib A. Corporate life cycle, organizational financial resources and corporate social responsibility [J]. Journal of Contemporary Accounting & Economics, 2017, 13 (1): 20-36.

[80] Hassan A, Ibrahim E. Corporate environmental information disclosure: Factors influencing

companies' success in attaining environmental awards [J]. Corporate Social Responsibility and Environmental Management, 2012, 19: 32-46.

[81] Morrell heald. The social responsibilities of business: Company and community, 1900-1960 [M]. Cleveland Press of Case Western Reserve University, 1970.

[82] Hillman A J, Keim G D. Shareholder value, stakeholder management, and social issues: What's the bottom line? [J]. Strategic Management Journal, 2001, 22 (2): 125-139.

[83] Hillman A J, G D Keim, D Schuler. Corporate political activity: A review and research agenda [J]. Journal of Management, 2004, 30 (6): 837-857.

[84] Hoogendoorn B, Guerra D, Zwan P V D. What drives environmental practices of SMEs? [J]. Small Business Economics, 2015, 44 (4): 759-781.

[85] Husted B W, José De Jesus Salazar. Taking friedman seriously: Maximizing profits and Social Performance [J]. Journal of Management Studies, 2006, 43 (1): 17.

[86] Inoue Y, Kent A, Lee S. CSR and the bottom line: Analyzing the link between CSR and financial performance for professional teams [J]. Journal of Sport Management, 2011, 25 (6): 531-549.

[87] Johnson R A, Greening D W. The effects of corporate governance and institutional ownership types on corporate social performance [J]. Academy of Management Journal, 1994, 42 (5): 564-576.

[88] Jones D A, Willness C R, Madey S. Why are job seekers attracted by corporate social performance? Experimental and field tests of three signal-based mechanisms [J]. Academy of Management Journal, 2014, 57 (2): 383-404.

[89] Jones, Thomas M. Corporate social responsibility revisited, redefined [J]. California Management Review, 1980, 22 (3): 59-67.

[90] Josefy M, Kuban S, Ireland R, et al. All things great and small: Organizational size, boundaries of the firm, and a changing environment [J]. Academy of Management Annals, 2015, 9: 715-802.

[91] Julian S D, Joseph C Ofori-dankwa. Financial resource availability and corporate social responsibility expenditures in a sub-Saharan economy: The institutional difference hypothesis [J]. Strategic Management Journal, 2013, 34 (11): 17.

[92] Kramer M R. Strategy and society: The link between competitive advantage and corporate social responsibility [J]. Harv Bus Rev, 2006, 84 (12): 78-92.

[93] Laufer W S. Social accountability and corporate greenwashing [J] . Journal of Business Ethics，2003.

[94] Leibenstein H. Issues in development economics: An introduction [J] . Social Research，1980，47 (2) ：204-212.

[95] LeMenestrel M，Van den Hove S，De Bettignies HC. Processes and consequences in business ethical dilemmas: The oil industry and climate change [J] . Journal of Business Ethics，2002，41：251-266.

[96] Leuz C，Oberholzer-Gee F. Political relationships, global financing, and corporate transparency: Evidence from Indonesia [J] . Journal of Financial Economics，2006，81 (2) ：411-439.

[97] Liu B，Mcconnell J J. The role of the media in corporate governance: Do the media influence managers' capital allocation decisions? [J] . Social Science Electronic Publishing，2013，110 (1) ：1-17.

[98] Liu J. Customer satisfaction and stock prices [J] . Chinese Journal of Management，2005，(5) .

[99] Locke R M. Response to Dietlind Stolle's review of the promise and limits of private power: Promoting labor standards in a global economy [J] . Perspectives on Politics，2016，14 (2) ：523.

[100] Loosemore M，Lim B T H. Linking corporate social responsibility and organizational performance in the construction industry [J] . Construction Management & Economics，2017，35 (3) ：1-16.

[101] Loughran T，Mcdonald B，Yun H. A wolf in sheep's clothing: The use of ethics-related terms in 10-K reports [J] . Journal of Business Ethics，2009，89 (1) ：39-49.

[102] Lounsbury M，Ventresca M J. Social structure and organizations revisited [J] . Nihon Rinsho Japanese Journal of Clinical Medicine，2002，63 (17) ：75-9.

[103] Luo X，Bhattacharya C B. Corporate social responsibility, customer satisfaction, and market value [J] . Journal of Marketing，2006，70 (4) ：1-18.

[104] Lyon T P，Montgomery A W. The means and end of greenwash [J] . Organization & Environment，2015，28 (2) ：21-36.

[105] Maignan I，Ferrell O C，Ferrell L. A stakeholder model for implementing social responsibility in marketing [J] . European Journal of Marketing，2005，39 (9/10) ：956-

977.

[106] Manne, H G, Wallich, H C. The modern corporation and social responsibility [M]. Washington DC: American Enterprise Institute for Public Policy Research, 1972.

[107] Marquis C, Qian C. Corporate social responsibility reporting in China: Symbol or substance? [J]. Organization Science, 2014, 25 (1): 127-148.

[108] Mason M, Mason R D. Communicating a green corporate perspective: Ideological persuasion in the corporate environmental report [J]. Journal of Busi ness and Technical Communication, 2012, 26: 479-506.

[109] Matten D, Moon J. "Implicit" and "Explicit" CSR: A Conceptual Framework for a comparative understanding of corporate social responsibility [J]. Academy of Management Review, 2008, 33 (2): 404-424.

[110] Mcdonnell M H, King B. Keeping up appearances reputational threat and impression management after social movement boycotts [J]. Social Science Electronic Publishing, 2013, 58 (3): 387-419.

[111] McGuire J B, Sundgren A, Schneeweis T. Corporate social responsibility and firm financial performance [J]. Academy of Management Journal, 1988, 31 (4): 854-872.

[112] Mcwilliams A, Siegel D S, Wright P M. Corporate social responsibility: Strategic Implications [J]. Journal of Management Studies, 2006, 43: 1-18.

[113] Mcwilliams A, Siegel D. Corporate social responsibility: A theory of the firm perspective [J]. Academy of Management Review, 2001, 26 (1): 117-127.

[114] Mellahi K, Frynas J G, Sun P, et al. A review of the nonmarket strategy literature: Toward a multi-theoretical integration [J]. Social Science Electronic Publishing, 2016, 42 (1): 143-173.

[115] Melo T, Garrido-Morgado A. Corporate reputation: A combination of social responsibility and industry [J]. Eco-Management and Auditing, 2012, 19 (1): 11-31.

[116] Millington B A. Does it pay to be different? An analysis of the relationship between corporate social and financial performance [J]. Strategic Management Journal, 2008, 29 (12): 1325-1343.

[117] Mitchell R K, Agle B R, Wood D J. Toward a theory of stakeholder identification and salience: Defining the principle of who and what really counts [J]. Academy of Management Review, 1997, 22 (4): 853-886.

[118] Mohr L A，Webb D J. The effects of corporate social responsibility and price on consumer responses［J］. Journal of Consumer Affairs，2005，39（1）：121-147.

[119] Moroney R，Windsor C，Aw Y T. Evidence of assurance enhancing the quality of voluntary environmental disclosures: An empirical analysis［J］. Accounting & Finance，2012，52（3）.

[120] Okhmatovskiy I，David R J. Setting your own standards: Internal corporate governance codes as a response to institutional pressure［M］. INFORMS，2012.

[121] Oliver R L. A Cognitive model of the antecedents and consequences of satisfaction decisions［J］. Journal of Marketing Research，1980，17（4）：460-469.

[122] Parguel，Béatrice，BenoîtMoreau，et al. Can evoking nature in advertising mislead consumers? The power of "executional greenwashing"［J］. International Journal of Advertising，2015，34（1）：107-134.

[123] S Park，W D Sine，P S Tolbert. Professions, organizations, and institutions: Tenure systems in colleges and universities［J］. Work and Occupations，2011，38（3）：340-371.

[124] Patricia Bromley，Walter W，Powell. From smoke and mirrors to walking the talk: Decoupling in the contemporary world［J］. Academy of Management Annals，2012，6（1）：483-530.

[125] Peloza J. The challenge of measuring financial impacts from investments in corporate social performance［J］. Journal of Management，2009，35（6）：1518-1541.

[126] Peng S，Pengli S. The review on the corporate social responsibility of Chinese private enterprises［J］. Theory and Modernization，2016，7（1）：7-8.

[127] Peter T，Valentina M，Tatiana K. Walking the walk or talking the talk? Corporate social responsibility decoupling in emerging market multinationals［J］. Journal of International Business Studies，2018.

[128] Phillips R A. Stakeholder theory and a rrinciple of fairness［J］. Business Ethics Quarterly，1997，7（1）：51-66.

[129] Pinkse J，Kuss M J，Hoffmann V H. On the implementation of a "global" environmental strategy: The role of absorptive capacity［J］. International Business Review，2010，19（2）：160-177.

[130] Pope S，Wæraas A. CSR-washing is rare: A conceptual framework, literature review, and critique［J］. Journal of Business Ethics，2016，137（1）：173-193.

[131] Preston D L E. The stakeholder theory of the corporation: Concepts, evidence, and

implications [J] . The Academy of Management Review, 1995, 20 (1) : 65-91.

[132] Preston L E, O' Bannon D P. The corporate social-financial performance relationship: A typology and analysis [J] . Business & Society, 1997, 36 (4) : 419-429.

[133] Rama D, Milano B J, Salas S, et al. CSR implementation: Developing the capacity for collective action [J] . Journal of Business Ethics, 2009, 85 (2) : 463-477.

[134] Roberts J. The manufacture of corporate social responsibility: Constructing corporate sensibility [J] . Organization the Critical Journal of Organization Theory & Society, 2003, 10 (2) : 249-265.

[135] Rowan B P. Institutionalized organizations: Formal structure as myth and ceremony [J] . American Journal of Sociology, 1977, 83 (2) .

[136] Rupley K H, Brown D, Marshall R S. Governance, media and the quality of environmental disclosure [J] . Journal of Accounting and Public Policy, 2012, 31 (6) : 610-640.

[137] Sarfaty G A. Regulating through numbers: A case study of corporate sustainability reporting [J] . Social Science Electronic Publishing, 2013.

[138] Scherer A G, Palazzo G, Seidl D. Managing legitimacy in complex and heterogeneous environments: Sustainable development in a globalized world [J] . Journal of Management Studies, 2013, 50 (2) : 259-284.

[139] Schnietz K E, Epstein M J. Exploring the financial value of a reputation for corporate social responsibility during a crisis [J] . Corporate Reputation Review, 2005, 7 (4) : 327-345.

[140] Seifert B, Morris S A, Bartkus B R. Comparing big givers and small givers: Financial correlates of corporate philanthropy [J] . Journal of Business Ethics, 2003, 45 (3) : 195-211.

[141] Seifert B, S A Morris, B R Bartkus. Having, giving, and getting: Slack resources, corporate philanthropy, and firm financial performance [J] . Business and Society, 2004, 43 (2) : 135-161.

[142] Servaes H, Tamayo A. The impact of corporate social responsibility on firm value: The role of customer awareness [J] . Management Science, 2013, 59 (5) : 1045-1061.

[143] Sethi S P. Dimensions of corporate social performance: An analytic frame work [J] . California Management Review, 1975, 17: 58-64.

[144] Shetty V M B K . Managerial response to social responsibility challenge [J] . The Academy of Management Journal, 1976, 19 (1) : 66-78.

[145] Short J L，Toffel M W. Making self-regulation more than merely symbolic: The critical role of the legal environment [J] . Administrative Science Quarterly，2011，55 (3) : 361-396.

[146] Siegel D，Vitaliano D. An empirical analysis of the strategic use of corporate social responsibility [J] . Journal of Economics & Management Strategy，2007，16：773-792.

[147] Smith A D. Corporate social responsibility implementation [J] . International Journal of Accounting & Information Management，2010，19 (3) : 231-246.

[148] Smith K G. Great minds in management [M] . New York: Oxford University Press，2005.

[149] Spence L J. Small business social responsibility: Redrawing core CSR theory [J] . Business & Society，2016，55 (1) .

[150] Stinchcombe A L. Organizations and social structure [J] . Handbook of Organizations，1965.

[151] Su J，He J. Does giving lead to getting? Evidence from Chinese private enterprises [J] . Journal of Business Ethics，2010，93 (1) : 73-90.

[152] J Surroca，JA Tribó，S Waddock. Corporate responsibility and financial performance: the role of intangible resources [J] . Strategic Management Journal，2010，31 (5) : 28.

[153] Tang Z，Hull C E，Rothenborg S. How corporate social responsibility engagement strategy moderates the CSR-financial performance relationship [J] . Journal of Management Studies，2012，49 (7) : 1274-1303.

[154] Terra Choice. The sins of greenwashing. Home and family edition 2010: Report on environmental claims made in the North American consumer market [EB/OL]. http：// sinsofgreenwashing.com/index35c6.pdf.

[155] Tschopp D，Wells S，Barney D. The institutional promotion of corporate social responsibility reporting [J] . Journal of Academic & Business Ethics，2012，(5) : 1-18.

[156] Ullmann A A. Data in search of a theory: A critical examination of the relationships among social perfor-mance, social disclosure, and economic performance of U.S. firms [J] . Academy of Management Review，1985，10 (3) : 540-557.

[157] Vos J. Actions speak louder than words: Greenwashing in corporate America [J] . Notre Dame Journal of Law，Ethics & Public Policy，2009，23：673-697.

[158] Vroom V H. Work and motivation [J] . Industrial Organization Theory & Practice，1964，35 (2) : 2-33.

[159] S A Waddock，S B Graves. The corporate social performance-financial performance link [J] .

Strategic Management Journal, 1997, 18 (4) : 303-319.

[160] Walker K, Wan F. The harm of symbolic actions and green-washing: Corporate actions and communications on environmental performance and their financial implications [J]. Journal of Business Ethics, 2012, 109 (2) : 227-242.

[161] Wang H. Corporate social responsibility: An overview and new research directions [J]. Academy of Management Journal, 2016, 59 (2) : 534-544.

[162] Heli Wang, Jaepil Choi, Jiatao Li. Too little or too much? Untangling the relationship between corporate philanthropy and firm financial performance [J]. Organization Science, 2008, 19 (1) : 143-159.

[163] Wartick S L, Cochran P L. The evolution of the corporate social performance model [J]. Academy of Management Review, 1985, 10: 758-769.

[164] Westphal J D, Zajac E J. Decoupling policy from practice: The case of stock repurchase programs [J]. Administrative Science Quarterly, 2001, 46 (2) : 202-228.

[165] Whiteman G, Walker B, Perego P. Planetary boundaries: Ecological foundations for corporate sustainability [J]. Journal of Management Studies, 2013, 50 (2) : 307-336.

[166] Wickert C, Scherer A G, Spence L J. Walking and talking corporate social responsibility: Implications of firm size and organizational cost [J]. Journal of Management Studies, 2016, 53 (339) : 1169-1196.

[167] Wickert C. "Political" corporate social responsibility in small-and medium-sized enterprises a conceptual framework [J]. Business & Society, 2016, 55 (6) : 792-824.

[168] Wood D J. Measuring corporate social performance: A review [J]. International Journal of Management Reviews, 2010, 12 (1) : 50-84.

[169] Wood D J. Corporate social performance revisited [J]. Academy of Management Review, 1991, 16 (4) : 691-718.

[170] Wu M W, Shen C H. Corporate social responsibility in the banking industry: Motives and financial performance [J]. Journal of Banking & Finance, 2013, 37 (9) : 3529-3547.

[171] Wu J. The antecedents of corporate social and environmental irresponsibility [J]. Corporate social responsibility and environmental management, 2014, 21 (5) : 286-300.

[172] Xu C, Zou J. The comparisons on corporate social responsibility between SOEs and private enterprises [J]. Economic Review, 2011, 10 (1) : 23-26.

[173] Zajac E J, Westphal J D. The social construction of market value: Institutionalization and

learning perspectives on stock market reactions [J] . American Sociological Review, 2004, 69 (5) : 748-749.

[174] Luozz J, Marquis C, Qiao K. Do political connections buffer firms from or bind firms to the government? A study of corporate charitable donations of Chinese firms [J] . Organization Science, 2016, 27 (5) : 1307-1324.

[175] Zheng H, Zhang Y. Do SOEs outperform private enterprises in CSR? Evidence from China [J] . Chinese Management Studies, 2016, 10 (3) : 435-457.

[176] 曹书军，刘星，傅蕴英. 劳动雇佣与公司税负：就业鼓励抑或预算软约束 [J] . 中国工业经济，2009，（5）：139-149.

[177] 陈炳富，周祖城. 企业伦理与企业经济效益的关系 [J] . 南开管理评论，1996（2）：48-50.

[178] 陈丽蓉，韩彬，刘莎. 内部控制审计、企业社会责任与公司治理整合性研究——基于A股主板上市公司的实证分析 [J] . 财会通讯，2016，（3）：32-36.

[179] 陈丽蓉，韩彬，杨兴龙. 企业社会责任与高管变更交互影响研究——基于A股上市公司的经验证据 [J] . 会计研究，2015，（8）：57-64.

[180] 陈学轼，陈春艳. 试论社会责任会计理论对财务会计理论的影响 [J] . 财会通讯，1998，（5）：13-14.

[181] 陈玉清，马丽丽. 我国上市公司社会责任会计信息市场反应实证分析 [J] . 会计研究，2005，（11）：78-83.

[182] 车笑竹，苏勇. 企业违规对社会责任报告及其价值效应的影响 [J] . 经济管理，2018，40（10）：60-76.

[183] 刁宇凡，周立军. 社会责任标准导论 [M] . 北京：机械工业出版社，2012.

[184] 刁宇凡. 企业社会责任标准的形成机理研究——基于综合社会契约视阈 [J] . 管理世界，2013，（7）：180-181.

[185] 杜兴强，雷宇，郭剑花. 政治联系、政治联系方式与民营上市公司的会计稳健性 [J] . 中国工业经济，2009，（7）：87-97.

[186] 杜颖洁，杜兴强. 女性董事、法律环境与企业社会责任——基于中国资本市场的经验证据 [J] . 当代会计评论，2014，（1）：90-121.

[187] 杜颖洁，杜兴强. 审计质量、政治联系与企业社会责任——来自中国上市公司的经验证据 [J] . 中大管理研究，2014，9（2）：63-95.

[188] 杜勇，陈建英. 政治关联、慈善捐赠与政府补助——来自中国亏损上市公司的经验证据 [J] . 财经研究，2016，42（5）：4-14.

[189] 冯丽丽，廖海霞，宋绍清. 内部控制对企业社会责任履行影响的实证检验［J］. 统计与决策，2015，（20）：175-178.

[190] 冯丽艳，肖翔，赵天骄. 经济绩效对企业社会责任信息披露的影响［J］. 管理学报，2016，13（7）：1060-1069.

[191] 付海艳. 政治关联、经营业绩与公司透明度来自中国转型期的经验证据［J］. 宏观经济研究，2013，（12）：53-63.

[192] 韩洁，田高良，李留闯. 连锁董事与社会责任报告披露：基于组织间模仿视角［J］. 管理科学，2015，28（1）：18-31.

[193] 何文君. 企业社会责任履行效果的分析与评价［D］. 首都经济贸易大学，2013.

[194] 贾兴平，刘益，廖勇海. 利益相关者压力、企业社会责任与企业价值［J］. 管理学报，2016，13（2）：267-274.

[195] 贾兴平，刘益. 外部环境、内部资源与企业社会责任［J］. 南开管理评论，2014，17（6）：13-18.

[196] 解江凌. 我国中央企业社会责任信息披露实证研究［D］. 北京交通大学，2015.

[197] 蒋海涛，周国斌. 中国资本配置效率的实证研究［J］. 统计与决策，2013，（21）：146-149.

[198] 李贺明. 基于利益相关者角度的企业社会责任成本问题研究［D］. 东北财经大学，2012.

[199] 李健，蒲晓敏. 企业社会责任披露水平、会计透明度与权益资本成本的关系研究——来自中国消费者敏感型行业上市公司的经验证据［J］. 郑州航空工业管理学院学报，2016，34（1）：55-61.

[200] 李健，魏顺理. 公司治理对企业社会责任表现的影响实证研究［J］. 郑州航空工业管理学院学报，2015，33（1）：101-109.

[201] 李培功，沈艺峰. 媒体的公司治理作用：中国的经验证据［J］. 经济研究，2010，（4）：14-27.

[202] 李姝，赵颖，童婧. 社会责任报告降低了企业权益资本成本吗?——来自中国资本市场的经验证据［J］. 会计研究，2013，（9）：64-70.

[203] 李正，官峰，李增泉. 企业社会责任报告鉴证活动影响因素研究——来自我国上市公司的经验证据［J］. 审计研究，2013，（3）：102-112.

[204] 李百兴，王博，卿小权. 企业社会责任履行、媒体监督与财务绩效研究——基于A股重污染行业的经验数据［J］. 会计研究，2018，369，（7）：66-73.

[205] 梁建. 道德领导与员工建言：一个调节——中介模型的构建与检验［J］. 心理学报，2014，46（2）：252-264.

[206] 林万祥，肖序. 企业环境成本的确认与计量研究［J］. 财会月刊，2002，（6）：14-16.

[207] 刘红霞，韩媄. 从经济学角度看微观与宏观成本管理的结合［J］. 财贸经济，2003，（7）：28-31.

[208] 龙文滨，宋献中. 基于资源投入视角的社会责任决策与公司价值效应研究［J］. 南开管理评论，2014，17（6）：41-52.

[209] 卢代富. 国外企业社会责任界说述评［J］. 现代法学，2001，23（3）：137-144.

[210] 卢东，Samart Powpaka. 消费者对企业社会责任行为的评价研究——基于期望理论和归因理论的探讨［J］. 管理评论，2010，22（12）：70-78.

[211] 卢东. 消费者对企业社会责任的反应研究［D］. 西南交通大学，2009.

[212] 马玎，叶建木，刘思施. 制度压力调节下的企业生态创新与营利性的关系研究［J］. 管理学报，2016，13（2）：275.

[213] 马丽波，倪慧强. 外部监管、社会责任与企业绩效［J］. 东北财经大学学报，2015，（2）：67-72.

[214] 齐丽云，张碧波，郭亚楠. 消费者企业社会责任认同对购买意愿的影响［J］. 科研管理，2016，37（5）：112-121.

[215] 阮丽旸，王良，刘益. 外部环境因素对小型企业履行社会责任的影响研究［J］. 软科学，2016，30（5）：69-73.

[216] 沈洪涛，冯杰. 舆论监督、政府监管与企业环境信息披露［J］. 会计研究，2012，（2）：72-78.

[217] 沈洪涛，王立彦，万拓. 社会责任报告及鉴证能否传递有效信号?——基于企业声誉理论的分析［J］. 审计研究，2011，（4）：87-93.

[218] 沈弋，徐光华，王正艳. "言行一致"的企业社会责任信息披露——大数据环境下的演化框架［J］. 会计研究，2014，（9）：29-36.

[219] 陶文杰，金占明. 企业社会责任信息披露、媒体关注度与企业财务绩效关系研究［J］. 管理学报，2012，9（8）：1225-1232.

[220] 万寿义，刘正阳. 制度背景、公司价值与社会责任成本——来自沪深300指数上市公司的经验证据［J］. 南开管理评论，2013，16（1）：83-91.

[221] 王清刚，李琼. 企业社会责任价值创造机理与实证检验——基于供应链视角［J］. 宏观经济研究，2015，（1）：116-127.

[222] 王思盈. 食品企业社会责任履行情况对企业价值的影响［D］. 黑龙江八一农垦大学，2014.

[223] 肖海林，薛琼. 公司治理、企业社会责任和企业绩效［J］. 财经问题研究，2014，（12）：91-98.

[224] 肖红军，胡叶琳，许英杰. 企业社会责任能力成熟度评价——以中国上市公司为例［J］. 经济

管理，2015，（2）：178-188.

[225] 肖红军，郑若娟，铉率. 企业社会责任信息披露的资本成本效应［J］. 经济与管理研究，2015，36，（3）：136-144.

[226] 徐珊，黄健柏. 媒体治理与企业社会责任［J］. 管理学报，2015，12（7）：1072-1081.

[227] 徐珊. 资源型企业社会责任对资本成本的影响研究［D］. 中南大学，2014.

[228] 杨忠智，乔印虎. 行业竞争属性、公司特征与社会责任关系研究——基于上市公司的实证分析［J］. 科研管理，2013，34（3）：58-67.

[229] 殷红. 企业社会责任信息披露的制度同构现象研究——基于GRI的计量［J］. 财会通讯，2017，（9）.

[230] 张川，娄祝坤，詹丹碧. 政治关联、财务绩效与企业社会责任——来自中国化工行业上市公司的证据［J］. 管理评论，2014，26（1）：130-139.

[231] 张洪利，张若楠，刘晓红. 新常态下服务业企业社会责任归因实证研究［J］. 经济纵横，2016，369（8）：51-54.

[232] 张萍，梁博. 政治关联与社会责任履行——来自中国民营企业的证据［J］. 会计与经济研究，2012，26（5）：14-23.

[233] 朱文莉，邓蕾. 女性高管真的可以促进企业社会责任履行吗？——基于中国A股上市公司的经验证据［J］. 中国经济问题，2017，（4）：119-135.

[234] 朱雅琴，姚海鑫. 企业社会责任与企业价值关系的实证研究［J］. 财经问题研究，2010，（2）：102-106.

[235] 邹鹏，苟晓霞，Philippa. 基于价值链的中国企业社会责任对财务价值的影响［J］. 管理科学，2015，（1）：3.

[236] 邹萍. “言行一致”还是“投桃报李”?——企业社会责任信息披露与实际税负［J］. 经济管理，2018，（3）.

[237] 佐藤孝弘. 日本的公司社会责任和社会期待［J］. 亚太经济，2008，（4）：78-81.

本书作者研究成果清单

已发表文章

[1] 李健，孙海尧，蒲晓敏. 组织成本与公司规模对企业社会责任投入偏重的差异化研究［J］. 科技和产业，2017（10）：59-67+121.

[2] 孙海尧，张俊祥. 政府与科技视角下李约瑟之谜的当代思考［J］. 哈尔滨工业大学学报（社会科学版），2017（6）：74-79.

[3] 孙海尧. 古希腊早期本源自然哲学观的形成机理［J］. 黑河学院学报，2013（2）：26-29.

[4] Sun H，Li C，Ni Y，et al. Ultrasonic/microwave-assisted extraction of polysaccharides from Camptotheca acuminata fruits and its antitumor activity［J］. Carbohydrate Polymers，2018.

[5] Sun H, et al. Hydrothermal synthesis of Ag nanoparticles on the Nanocellulose and their antibacterial study［J］. Inorganic Chemistry Communications，2019.

参与著作

李健. 2013中国企业社会责任排行

李健，唐五湘. 微观经济学［M］. 北京：机械工业出版社，2003.

科研项目

[1] 中国科协科普研究项目：美国高校科技传播教育研究（撰写研究报告，课题负责人，发表论文，2014.4结题）

[2] 教育部人文社科基金：金融危机后我国经济增长的驱动力研究（数据收集与统计分析，项目组成员，2014.12结题）

[3] 国家自然科学基金：基于利益相关者的流域生态共同治理研究（数据收集与统计分析，项目组成员，2009.9—2012.9）